中社智庫

新时代智库出版的领跑者

中社智库 国家智库报告 2024（13）
National Think Tank
经济

场景大数据理论：
贵州创造与安顺实践

李海舰 彭绪庶 罗以洪 李雯轩 著

SCENARIO BIG DATA THEORY:
INNOVATIONS FROM GUIZHOU AND PRACTICES IN ANSHUN

中国社会科学出版社

图书在版编目(CIP)数据

场景大数据理论：贵州创造与安顺实践／李海舰等著．—北京：中国社会科学出版社，2024.6

(国家智库报告)

ISBN 978－7－5227－3450－7

Ⅰ.①场… Ⅱ.①李… Ⅲ.①信息经济—数据管理—研究—贵州 Ⅳ.①F492

中国国家版本馆 CIP 数据核字(2024)第 079494 号

出 版 人　赵剑英
责任编辑　黄　晗
责任校对　赵雪姣
责任印制　李寡寡

出　　版　中国社会科学出版社
社　　址　北京鼓楼西大街甲 158 号
邮　　编　100720
网　　址　http://www.csspw.cn
发 行 部　010－84083685
门 市 部　010－84029450
经　　销　新华书店及其他书店

印刷装订　北京君升印刷有限公司
版　　次　2024 年 6 月第 1 版
印　　次　2024 年 6 月第 1 次印刷

开　　本　787×1092　1/16
印　　张　12
插　　页　2
字　　数　125 千字
定　　价　68.00 元

前　　言

中国已从工业经济时代迈向数字经济时代。工业经济时代，要想富先修路；数字经济时代，要想富先种“数”。在这方面，贵州先知先觉、先行先试。从一开始，围绕大数据这个“钻石矿”、聚焦大数据这个“新蓝海”，既抢先机又抢新机，无论理论创新还是实践创新，贵州都走在了全国前列。其中，在数据要素市场培育和建设中形成的“场景大数据”可谓璀璨夺目，它既是贵州大数据战略实施的重要理论和实践成果之一，也是贵州推动国家数据基础制度建设作出的重要贡献。

“场景大数据”发端于铜仁市，发展于安顺市。从场景大数据概念提出到场景大数据理论形成，安顺市、铜仁市发出了大数据探索的“好声音”。场景与数据高度关联，以应用场景为始终，以授权使用为核心，以流通底座为支撑，以收益分配为关键，以安全可信为保障，旨在建设完善数据基础制度；数据重在场景使用、复用、共用，提出并实践“应用产生价值、流通放大价值、运营共享价值”理念，初步找到了数据要素价值最大化的具体实现形式。这一探索，在场景视角下对数据再认识，是一种方法论上的创新，它标志着对数据要素的认知发生了大的飞跃。

作为服务国家战略的高端智库，中国社会科学院一直将调查研究作为开展智库工作的前提。2020 年，中国社会科学院数量经济与技术经济研究所和贵州省社会科学院合作，深化落实中国社会科学院和贵州省人民政府签署的“院省合作框架协议”，就贵州省探索数字经济发展新路径的重大议题共同开展调研。正是通过这个平台，我们了解到安顺市在场景大数据领域的一系列实践创新做法和理论创新成果。为了深入认识“安顺模式”，我们与安顺市人民政府合作，通过设立调研基地持续深化这一研究，决定以国家高端智库报告形式将场景大数据理论进行提炼总结，努力挖掘其蕴藏的“国家层面借鉴价值”。今天呈现在大家面前的这一初探成果，仅是安顺市对数据要素市场建设前期探索画上的一个“顿号”。

必须指出的是，目前人类对数据的认识还处在起步阶段，数据的发展也是“小荷才露尖尖角”，无论实践探索者还是理论研究者，不可避免地受制于时代的局限性。何况，场景大数据理论也不是解决所有问题的灵丹妙药。尽管如此，我们坚信：关于数据要素问题的探索，必须基于“用工业经济时代的思维提出问题，用数字经济时代的思维解决问题”这一理念，构建与数字经济时代相契合的世界观和方法论，如此坚持下去必有所获。

数字经济是继农业经济、工业经济之后的主要经济形态，具有促进公平和效率相统一、促进质量和速度相统一、促进技术和制度相统一的重大作用。数字经济的核心是数据，数据作为新型生产要素，具有基础资源、关键资源、战略资源、高维资源定位，具有叠加效应、乘数效应、指数效应、倍增效应作用。如何畅通数据资源、盘活数据资产、释放数据价值，则是重中之重，即“牛鼻子中的牛鼻子”。这是继人口红利、土地红利之后，国家需要更好释放“数据红利”。做好这篇大文章，这是中国构建国家新优势、引领人类新文明的“突破口”。

本部国家智库报告，在充分借鉴安顺市大数据理论和实践成果的基础上，由中国社会科学院和贵州省社会科学院通力合作完成，是实践探索者和理论研究者集体智慧的“大结晶”，其中经过多次讨论、反复修改。各章具体撰稿人如下：第一章：李雯轩；第二章，李雯轩；第三章：李文军；第四章：端利涛；第五章：白延涛；第六章：叶秀敏、端利涛；第七章：

罗以洪、潘一、陈涛；第八章：彭绪庶；第九章：李文军、左鹏飞。

撰写本部国家智库报告得到了贵州省安顺市委、市政府的大力支持。安顺市人民政府以及安顺市大数据发展管理局的主要领导同志多次在安顺、贵阳、北京以及线上组织研讨，详细阐释场景大数据理论的内涵，以及培育、建设数据要素市场的探索。此外，本报告还得到了贵州省信息中心、贵州省邮电规划设计院等单位的无私帮助。在此，一并致谢！

李海舰　彭绪庶　罗以洪　李雯轩

2024 年 1 月 10 日

摘要： 场景大数据理论是以安顺市、铜仁市等为代表的贵州省地级市探索促进要素安全有序流通的管理实践为基础，聚焦地方政府构建数据要素基础制度、激活数据要素潜能，总结提炼的理论。该理论以问题导向为切入点，发现在城市数据运营实践中，制约中国数据要素流通的关键是数权不清，而数据要素的权属与场景应用高度关联。即数据包含主权、公权、私权三个层面的产权，不同场景赋予数据表现不同的数权属性。因此政府应根据使用场景对数据进行分类分级授权，即“一场景一授权”“一使用一授权”的双授权原则。安顺市秉承这一原则，在监督数据要素采集和流通过程中采取“政府监督授权”“数据主体授权”的双授权模式，在确保数据安全有序流通与管理成本最小化之间寻求平衡点，促进数据“放得出”“流得动”“用得好”。在实践环节，安顺市以场景应用开放为牵引，选择金融、医疗、交通、电力、气象、劳务用工、公共资源交易等重点领域，开发一批标准化数据产品和应用。已经建成“安心干”人力资源创新开发平台、安顺市城市医疗数据运营支撑平台，并在其他领域稳步推进城市大数据开放共享的工作。不同于聚焦数据物理和技术特性的理论，场景大数据理论发端于地方政府层面培育数据要素市场、建设数据要素驱动的新型智慧城市的实践，为建设数据基础制度、促进数据有序安全流通提供现行探索和宝贵经验。

关键词：场景大数据；安全有序流通；贵州

Abstract: The Scenario Big Data Theory originates from the practical management experiences of Guizhou's prefecture-level cities, such as Anshun and Tongren. This theory focuses on the local governments' efforts to establish foundational systems for data elements, thereby unlocking their potential. By addressing specific issues, the theory identifies that the primary challenge in the flow of data elements in China is the ambiguity of data rights, which are closely linked to scenario applications. Data property rights encompass sovereign, public, and private rights, with different scenarios attributing distinct data rights properties. Therefore, the government should classify and authorize data based on usage scenarios, following the dual authorization principle of "one scenario, one authorization" and "one use, one authorization." Adhering to this principle, Anshun has implemented a dual authorization model, featuring "government supervision authorization" and "data subject authorization," to balance data security and management efficiency, thereby ensuring data can be released, flow smoothly, and be effectively utilized. In practice, Anshun has focused on scenario application openness, selecting key areas such as finance, healthcare, transportation, electricity, meteorology, labor, and public resource transactions to develop standardized data products and applications. Successful projects include the "Anxin Gan" human resources innovation and development platform and the Anshun City medical data operation support platform, with continued progress in other areas towards urban big data openness and sharing. Unlike theories centered on the physical and technical characteristics of data, the Scenario Big Data Theory stems from local government efforts to cultivate a data elements market and build a new type of smart city driven by data elements. This theory provides practical explorations and valuable experiences for constructing foundational data systems and promoting the orderly and secure flow of data.

Key Words: Scenario Big Data; Orderly and Secure Flow; Guizhou

目　　录

第一章　场景大数据理论的时代背景与核心要义

数据是数字经济时代的关键生产要素，是构筑中国式现代化体系的核心支撑，也是培育新质生产力、实现高质量发展的重要引擎。《中华人民共和国国民经济和社会发展第十四个五年规划和2035年远景目标纲要》，在第五篇“加快数字化发展　建设数字中国”中开宗明义：“迎接数字时代，激活数据要素潜能，推进网络强国建设，加快建设数字经济、数字社会、数字政府，以数字化转型整体驱动生产方式、生活方式和治理方式变革。”中央全面深化改革委员会第二十六次会议进一步指出，“数据作为新型生产要素，是数字化、网络化、智能化的基础，已快速融入生产、分配、流通、消费和社会服务管理等各个环节，深刻改变着生产方式、生活方式和社会治理方式”。数据已被定位为基础资源、重要资源、关键资源、核心资源、战略资源、高维资源，成为链接工业时代和数字时代的关键。这也成为场景大数据理论的时代背景和价值所在，场景大数据理论是对数字经济时代如何激发关键生产要素价值的研究和理论实践，回答在数字经济时代政府如何利用、管理、激发数据这一关键生产要素的历史课题。

一　场景大数据理论的时代背景

数字经济是继农业经济、工业经济之后一种新的经济形态，人类社会正从工业时代迈入数字时代。中国面临从高速发展转向高质量发展阶段，也是新旧动能接续转换的重要阶段。数字技术和数据要素成为这一历史转换的重要支撑和底层动力：一方面，大数据、云计算、互联网、物联网、区块链、人工智能、虚拟现实等新一代信息技术正在从单一技术走向叠加技术，快速形成“新技术群”，为迈入数字时代提供了技术推动力[①]；另一方面，新技术凸显数据要素的重要性，使之成为引发生产力和生产关系变革的重要动力。从人类科技的发展经验可知，科学革命会引致技术革命，从而再引发产业革命；并且在历次技术革命中，均会出现1—2种关键生产要素，通过替代、渗透、融合等

① 李海舰、李真真：《中国经济高质量发展的路径研究——基于“新技术群”的加持》，《中国经济学》2023年第1辑。

方式为经济社会体系整体赋能。[①] 在这一基础动能转换的时期，不仅有助于激发新产业、新业态、新模式的涌现，还会在全球范围内改变产业布局体系和竞争格局。因此对于数据这一关键生产要素的质量水平、资源掌握程度、宏观管理先进程度，成为各国是否能在数字时代获得竞争优势的基础和核心。

（一）数据要素重塑中国数字经济时代竞争新优势

中国目前正处于工业化后期叠加数字化前期，数据要素不仅成为激发创新动能的重要推动力，更为中国在数字经济时代重塑竞争优势提供了新的红利。首先，数据要素为中国提供了新的要素红利。近年来随着中国人口结构发生变动，依靠低劳动力成本的产业优势逐步丧失，劳动密集型产业链完整性受到挑战。而数据要素对劳动力有较强的替代性，还具有叠加效应、乘数效应、指数效应、倍增效应，不仅可以提升其他要素的利用效率，还会在使用中改进要素质量，从而可以为中国保持传统劳动密集型产业优势提供新的发展机遇。其次，数据要素为中国提供了新的产业红利。数据要素的收集、加工、使用、存储等众多环节催生了与之相关的新兴产业，如算力中心、数据清

① 李海舰、赵丽：《数据成为生产要素：特征、机制与价值形态演进》，《上海经济研究》2021 年第 8 期。

洗、数据标注等；并且5G、工业互联网等基础设施建设也会产生新的行业和就业。随着数字技术与实体经济的深度融合，一些传统行业改造升级创造出了新的产业，这些均会成为中国重要的产业机遇。最后，数据要素为中国提供了新的创新红利。数据要素作为新型生产要素，不仅是新技术的重要载体，还改变了生产组织形式，形成新的创新模式。一方面，数据要素改变了传统的“单中心”纵向一体化组织形态，转而形成“去中心”“点对点”的横向协作式组织形式[①]，通过数据深度挖掘信息背后的关系，充分了解客户和市场的需求，使得产品和服务最大限度满足用户的要求。另一方面，数据加之先进的算法、算力可以更为便捷地连通研发的各个环节，并适时做出预测，提升衍生式研发效率。近年来火热的生成式人工智能技术就利用大数据快速分析可行的分子结构和组合，用以药物研发，大大提升了传统的依靠人工进行匹配的研发模式。

（二）数据资源的掌控力是大国博弈的新制高点

进入数字经济时代，对关键生产要素的宏观管理能力，以及对数据资源的掌控力成为大国博弈的制高

① 李海舰、李燕：《企业组织形态演进研究——从工业经济时代到智能经济时代》，《经济管理》2019年第10期。

点。一方面在于每个时代的宏观经济制度会随着关键生产要素的变化进行调整，另一方面在于世界经济的核心区域会随着关键要素资源而发生迁移。三次工业革命的结果表明，哪个国家的关键要素管理制度更为先进，哪个国家在关键要素资源调配和国际规则制定方面更有话语权，哪个国家就会成为世界经济的中心。

无论哪个时代，作为关键生产要素，必须在流通、使用中才能产生价值，以此衍生出各类制度安排。例如农业时代的土地，必须通过耕种才能产生财富积累，相应产生了对于土地资源及农产品的分配、使用、流通制度，如井田制、均田制、“摊丁入亩”制、“常平仓”制度等，并形成了对土地所有权、使用权分离的典卖制度。进入工业时代，资本成为关键生产要素，开始左右资本主义社会的生产和生活，马克思在《资本论》中将资本的形态分为三种：货币资本、生产资本和商品资本，并将从商品到货币的过程称为“惊险的一跃”，以此实现商品的价值。除了资本形态的变化，还在此基础上衍生出对象各异的产权制度、交易流通制度，如知识产权制度、金融投资管理制度等，用以保障资本的合法有序流通，促进资本的增值。进入数字时代，数据成为关键生产要素，对于数据资源的管理和相关制度安排成为中国政府管理的重点。中国已经认识到数据要素的重要价值，在2023年《数字中国建设整体布局规划》中提到夯实数字基础设施和数据资源体系“两大基础”，分别是“打通数字基础设施大动脉”“畅通数据资源大循环”，并成立了国家层面的国家数据局统筹数据资源整合共享和开发利用。前者是保障数据要素生产和流通的“硬技术”，后者则是释放数据要素价值的“软环境”。这些措施为中国更好地利用数据要素提供了政策指引。

在国际层面，近年来各主要国家纷纷出台一系列政策加强对本国重要数据资源的保护和流通交易市场规则建设。美国是全球首个明确提出开放政府数据的国家，自2009年起多次颁布数据开放、培育数据要素市场、扩大数据贸易的行政令，并形成了数据经纪商体系促进数据交易流通；近年来针对平台企业数据垄断、保护敏感数据等议题频繁发布有关数据要素资源的交易、流通的法律法规，还通过与其他发达国家建立“隐私盾”“数据桥”等形式构建“数据盟友”，旨在数据贸易领域制定有利于自身的规则。欧盟是全球对数据隐私率先进行立法的地区，于2018年出台《通用数据保护条例》，并于2022年连续颁布《数据法案》《数字服务法案》《数字市场法案》，旨在强化对数据要素权利的保护，同时也是应对欧盟地区缺乏数字经济龙头企业的反制措施；为了促进公共数据的流通交易，欧盟先后出台《非个人数据自由流通条例》《数据治理法案》《关于公平访问和使用数据的统一规则（数据法案）》等，要求各成员国政府提供数据共享服务，并且政府可以收取一定的数据使用费。发达国家的最新动向为中国进行数据要素市场化探索提供了学习和参考，也意味着中国必须尽快提升对数据要素资源的管理能力，培育壮大国内的数据要素市场，否则会在新一轮科技竞争中处于落后地位。

二 场景大数据的核心要义

（一）场景大数据贵州创造

贵州是全国首个提出大数据发展战略行动的省份，也是国家首个大数据综合试验区，在大数据领域的体制机制、市场培育、安全治理等各个方面创新引领、先行先试，严格贯彻习近平总书记对贵州提出的“在实施数字经济战略上抢新机”的战略指示。自 2013 年以来，贵州省数字经济发展风生水起、攀高向新，数字经济增速连续 8 年位居全国第一。大数据成为贵州亮丽的名片，贵州也为中国大数据理论和实践探索提供了聚焦前沿、聚焦趋势、聚焦未来的特色试验田。

贵州始终坚持以场景为牵引、以数据为驱动，打造政用、民用、商用场景，坚持在实践中探索和完善大数据理论和应用。在体制机制方面，贵州于2017年2月建立全国首家省级大数据发展管理局，对数据资源进行统筹管理；在数据要素基础设施建设方面，贵州省贵阳市2015年成立全国首家以“大数据”命名的交易所，率先进行数据要素市场培育探索；在公共数据要素资源共享方面，贵州省安顺市、铜仁市2020年提出数据要素流通交易必须进行数权解耦，通过淡化所有权，聚焦数据加工权、使用权，率先在地市级探索公共数据要素资源的运营，与2022年公布的《中共中央 国务院关于构建数据基础制度更好发挥数据要素作用的意见》（以下简称“数据二十条”）中有关数据权属的政策指引不谋而合；在促进数据流通交易方面，贵州省安顺市在“云算数网”和“数权流”构筑的基础上，探索城市数据流通底座，推动公共数据的跨场景安全有序流通。

场景大数据理论，即是以贵州省安顺市、铜仁市等为代表的贵州省地级市，在培育壮大数据要素市场过程中解决数据安全有序流通的难题，让数据要素“活起来”“动起来”“用起来”；在此基础上，聚焦采集、释放数据要素价值，使数据要素真正赋能实体经济、促进绿色转型、实现共同富裕，最终形成地方经济“强起来”“绿起来”“富起来”的新发展格局。

（二）场景大数据理论的核心要义

1. 场景大数据的概念

场景的概念源于戏剧影视领域，泛指某个特定时空发生的行为或者人物活动的一种场合与环境，是时间与空间、场合和情景的结合。场景大数据，指的是应用场景迭代升级驱动下持续汇聚更新的数据集。数据要素在应用场景中通过与技术等要素的深度融合实现全生命周期治理，从而推动数据资产化、要素化，赋能应用场景，衍生形成一系列新业态、新模式、新产品的数字经济发展新形态。场景大数据的概念，2020 年已被列入全国科学技术名词审定委员会首批发布的 108 个大数据新名词之中。

场景大数据将场景与大数据相结合，主要基于地方政府治理实践中发现的数据要素本身的特征。（1）数据价值取决于数据规模和质量。单个数据并不具有价值放大的特征，必须在规模的基础上才具有更大的使用价值；数据要素的质量则来自自身的替代性、融合性、连接性的特征，数据要素可以通过与其他生产要素替代、融合，提升其他要素效率，并通过连接不同场景引起数据迭代，利用迭代提升数据质量。（2）数据流通的绝对性。数据是天然流通的，数据只有在流通中才能产生价值；只有合法合规、安全有序的流通才能发挥数据的正向价值，无序流通会给社会带来负向价值。（3）数据要素的软要素特征和“一数多权”特征。数据要素具有软要素的特征，以及非排他性、弱竞争性的特征，由此衍生出数据要素的准公共品属性，这些属性与场景高度关联，使得对数据要素的开发利用绕不开这些隐性属性。这些特征也决定了政府在治理数据要素市场时，不得不面对数据要素标的物不统一、数据要素跨场景流通要件缺失这两大棘手问题。

2. 场景大数据的核心要义

场景是数字经济的最小生产单元，是数据管理幅度的最小单位，也是数据权属发生变化的主要因素。因此根据场景对数据要素进行分类，并抓住数据权属跨场景变化这一“牛鼻子”，是场景大数据理论的出发点和落脚点。场景大数据理论的核心要义可以总结为五点：“无场景无数据”“无场景不授权”“无场景不流通”“无场景不定价”“无场景不治理”，由此形成对数据的产生、流通、定价、治理各个环节的理论闭环。

（1）“无场景无数据”指的是数据要素来自不同场景、传输于不同场景、运用于不同场景，并且随着场景的不同，其规模、质量、权属、价值也会发生相应变化。

（2）“无场景不授权”指的是数据在流通跨界中权属会发生变化，具有主权、公权、私权复杂交织的属性，因此必须通过“政府监管授权+数据主体授权”双授权模式破解“一数多权”的难题，放松数据流通定价的权属束缚。

（3）“无场景不流通”指的是场景定义了数据流通，数据的价值更多来自不同场景下的应用，因此为了促进数据流通，其所有权属性应让位于使用权、持有权属性。

（4）“无场景不定价”指的是场景决定了数据交易和分配原则，根据数据流通过程中价值产生的权属，数据定价和收益分配应该向使其价值产生最大的一方倾斜。

（5）“无场景不治理”指的是政府对数据要素的管理需要以数据流通使用的实际场景为基础，将数据的登记、交易置于不同场景之下，根据场景分类制定授权规则和流通交易规则，确保数据合法合规、安全有序流通。

第二章　数据和数据要素

数据要素是连通工业时代与数字经济时代的重要媒介，被称为“新的石油”。2023 年 12 月国家数据局等部门联合发布《“数据要素 ×”三年行动计划(2024—2026 年)》，指出：“要发挥我国超大规模市场、海量数据资源、丰富应用场景等多重优势，推动数据要素与劳动力、资本等要素协同，以数据流引领技术流、资金流、人才流、物资流，突破传统资源要素约束，提高全要素生产率；促进数据多场景应用、多主体复用，培育基于数据要素的新产品和新服务，实现知识扩散、价值倍增，开辟经济增长新空间；加快多元数据融合，以数据规模扩张和数据类型丰富，促进生产工具创新升级，催生新产业、新模式，培育经济发展新动能。”将数据要素资源开发、利用、流通、培育与场景紧密融合，并明确数据要素的赋能作用。自从信息化技术发展以来，数据就早已出现；随着大数据、人工智能、区块链、元宇宙等新一代信息技术的普及，数字技术持续向实体经济渗透、融合，新经济、新业态、新模式不断涌现，传统要素形态和产业结构在数字技术的作用下发生根本性改变，数据具有打破自然资源和其他要素制约的泛在化特征，也具备赋能其他产业的通用性技术，因此成为新型生产要素，并引发数字经济时代的到来，为人类提供了更多可供探索的新场景。

一 数据及其属性

（一）数据的定义和内涵

要理解数据的生产要素属性，必须将其与数据进行区分。数据的出现与计算机的发明联系在一起，最开始数据指的是可传输和可存储的计算信息。百度百科将数据定义为“数据是事实或观察的结果，是对客观事物的逻辑归纳，是用于表示客观事物的未经加工的原始素材”。根据国际标准化组织（ISO）的定义，数据是对事实、概念或指令的一种特殊表达方式，用数据形式表现的信息能够更好地被用于交流、解释或处理。[①]《中华人民共和国数据安全法》将数据定义为：“数据，是指任何以电子或其他方式

① 徐翔、厉克奥博、田晓轩：《数据生产要素研究进展》，《经济学动态》2021 年第 4 期。

对信息的记录。”从广义来看，任何可计算、有助于决策的信息都可以称为“数据”；但是从狭义来看，数据仅指利用计算机设备进行存储和处理的信息，以二进制“0”“1”编码表示，并将其作为记录数据的规则。

（二）数据的属性

虽然是信息的载体和表现形式，但由于信息技术的作用，数据具备不同于其他信息载体的技术特性和经济特性。

从技术特性来看，数据具备虚拟性、易存储性、易流通性、即时性、低成本复制性的特征。根据数据的产生机制和存储特征，数据的产生体量巨大，任何信息均可以根据一定规则转换为一串以“0”“1”表现的字符串，并且该类信息并不能在物质世界显现，必须借助信息技术工具才能将其含义输出，因此数据具有虚拟性的特征。同时，有赖于信息技术的进步，不同于纸张、胶卷等其他传统信息载体，数据的存储并不需要建设大规模的仓储设施，一个小的硬盘即可将数据进行保存；但是也不同于光波、声波等传输载体，数据的流通也有赖于有形的光纤等信息基础设施，但是数据的产生速度、传输速度则远远快于传统信息载体，因此数据又具备易存储性、易流通性、即时性的特征。并且，虽然数据的产生和收集较为复杂，需要对大量数字基础设施进行投入，并制定信息转换规则，但是在基本规则确定之后，数据的复制较为简单，只需要消耗一定的能源就可以把大量数据进行完全复制，复制所消耗的时间也随着技术的进步越来越节约，这也成为数据重要的技术特征之一。[①]

正是由于技术特性的优越，使得数据具有非竞争性、非排他性、规模报酬递增性的经济特征。非竞争性是指数据在使用过程中，一个使用者对某一数据的消费并不会减少其他消费者对该数据的使用，并且在信息技术的作用下，可以实现多个使用者同时使用某一数据的现象，因此数据的可使用价值大大增强。非排他性则是指在一定的产权安排下，某些人在使用消费数据时不能排除他人同时消费数据的特性，除了一些隐私机密较高、受到严格保密的数据，数据的产生和存储依赖多个主体，因此相当大的数据或者说公共数据具有非排他性或部分排他性的特征。在非竞争性和部分排他性的作用下，数据具备了准公共品的特征。规模报酬递增性是指数据的规模越大、种类越多，其产生的信息就越多，

① 蔡跃洲、马文君：《数据要素对高质量发展影响与数据流动制约》，《数量经济技术经济研究》2021 年第 3 期。

因此随着数据量的增加，呈现规模报酬递增的特点，这也成为大数据经济价值的来源。

二 数据要素与数字经济

数据要素是支撑数字经济发展的底层动力。根据2021年国务院印发的《“十四五”数字经济发展规划》定义：数字经济是继农业经济、工业经济之后的主要经济形态，是以数据资源为关键要素，以现代信息网络为主要载体，以信息通信技术融合应用、全要素数字化转型为重要推动力，促进公平与效率更加统一的新经济形态。没有数据要素的发展壮大，也就没有数字经济的产生。而数据能够成为生产要素，并不仅仅在于数据的经济特性更为优越，更是有赖于信息技术的进步。从历次技术革命的经验来看，新生产要素的确立通常是技术革命的产物。数据成为生产要素，则主要取决于数字技术的突破和数字基础设施的普及，使得数据要素具备了改变生产力和生产关系的能力，引致经济社会组织模式的变迁和重构，从而具备了改变经济形态的能力。

（一）数据要素的时代性特征

数据要素能够成为生产要素，必须具备生产要素的一般性特征，这种一般性特征指的是数据要素具备大规模可得性的技术基础，能够深入经济社会运作机制，改变产业和组织运行结构，形成新的产业和经济社会组织方式。总结来说，数据要素具备通用性、创新孕育性、低成本复制性的时代特性。

1. **通用性**

通用性指的是数据要素是可以被广泛应用在不同生产部门的投入品，并且易于扩散。随着数字技术的进步，数据要素对其他部门的影响范围不断扩大，影响程度不断加深。宏观层面上，借助算力基础设施和算法技术的进步，数据具备了生产力属性，可以利用数字技术等新型劳动工具，对数据进行改造。并通过数据生产要素渗透、替代、融合其他生产要素，不断孕育新的业态、模式以及新的生产关系。在微观层面，数据要素改变企业内部的生产流程，将研发、生产、营销、售后管理等一系列线性流程“云端化”、融合化，利用数据快速连通不同领域的联系，并能够根据数据调整供应链响应效率，为企业提质增效。

2. **创新孕育性**

创新孕育性是指数据要素成为具有激发其他产业和应用技术创新的能力，提高使用数据要素的产业部门的生产效率，同时这些部门的技术创新反过来促进数据要素和底层数字技术的进步。[①]

3. 低成本复制性

低成本复制性是数据成为生产要素的关键。生产要素要得到广泛应用，必须具有较低的使用成本，历次技术革命形成的关键生产要素均具备这一特性，无论是第一次工业革命中机器对人力的替代，还是第二次工业革命中电力、石油等能源的广泛使用，均得益于技术进步导致关键生产要素的成本大幅度下降。数据要素的技术特性决定了其具备低成本甚至零成本复制的性质，因此成为加快形成数字经济形态的重要原因。

（二）数据要素引发社会经济组织模式重构

一般来说，关键生产要素使得社会经济组织方式发生根本性转变，从而形成新的经济形态。（1）第一次工业革命时期，珍妮纺纱机和蒸汽机的出现将人类社会引入了蒸汽时代，借由机器代替人力，原本分散、零散的小农经济、手工作坊迅速被高效率、规模化、集中化的工业生产方式所代替。社会经济系统以及资源分配开始围绕低成本、高效率、大规模的机械化生产运转。从产业组织方式来看，分散式生产被集约式、

① 陈永伟：《作为 GPT 的 GPT：通用目的技术视角下新一代人工智能的机遇与挑战》，《财经问题研究》2023 年第 6 期。

规模化生产所代替；分工促使熟练劳动力与非熟练劳动力分化，技术工人开始形成。（2）第二次工业革命时期，电力技术成为通用技术，人类社会进入了电力时代。石油逐步取代煤炭，借助钢铁成本下降和内燃机的发明和广泛使用改变全球的能源结构。电力相关产业、重工业成为这一时期先进生产力的代表，机器换人的领域和程度持续加深，大规模工厂组织形式进一步优化，科学管理理论也主要形成于这一时期，管理的重要性逐渐凸显，国际垂直分工体系也在这一时期形成。（3）第三次工业革命时期，电子计算机和互联网的出现将人类社会带入了信息时代。制造业开始由机械化向自动化、信息化升级，一些新兴产业开始出现，如软件制造行业、航天工业。在跨国企业的推动下，链式分布的水平分工体系形成，工业体系向满足大批量、标准化、高质量的工业产品进行革新，技术要素在国家产业竞争中的作用愈加明显，生产组织形式的“碎片化”与“集群化”并存。[①]

现阶段在数字技术和数据要素的影响下，人类社会进入数字经济时代，数据要素成为引致生产关系变化的关键导向，经济社会组织模式出现从微观到宏观的颠覆性变革。微观上，数据要素对资本、人力等的

① 李雯轩：《新工业革命与比较优势重塑》，《经济学家》2019年第5期。

替代和融合程度不断加强，改变了企业的行为方式，使得企业的各类行为更加信息化、智能化，并将生产过程中抽象的业务问题转为数据可分析问题；生产组织模型也由供给端驱动变为需求端驱动，产品更加满足消费者个性化、小批量、定制化的需求；数据处理方式从单中心向多中心化演变，研发效率在数据和智能算法的作用下大大提升，企业生产组织体系的弹性更高、资源浪费更少。中观维度，各种产业的数字化、智能化水平大幅度提升，制造业与服务业融合程度不断加深，智能化机器人的使用大大增加，机器换人的领域逐渐增多；除了实体领域的产业，还出现了很多依托于互联网基础设施的“虚拟集群”。宏观层面，经济社会运转以数据为中心，智能化水平不断提升。宏观运行管理制度向智能化管理转变，电子政务、数字贸易等分领域的数字化管理方式不断涌现，数据成为政府进行宏观调控的重要依据。并且，由于数据要素易于传输的特性，在工业时代较为集中的生产布局可能面临在数字经济时代的再一次分散化，人与人之间、组织与组织之间的“去中心化”成为可能。

三　数据要素及其属性

作为新型生产要素，数据要素具有不同于传统要素的物质形态、流通形态以及价值形态，从而具有不同的属性特征，场景则为数据要素不同属性的叠加提供了物理空间。根据不同的分类标准，可以将数据要素概括为不同维度的属性。按照要素的物质形态和流通难易程度，数据具有软要素的属性，亦可概括为“三非属性”和“三高属性”；按照数据要素的使用特点和增值特征，数据要素具有“三共属性”和“三零属性”。

（一）软要素与“三非属性”“三高属性”

与土地、资本、劳动力等传统要素相比，数据要素并没有较为明显的物质形态，且数据要素的软要素特征主要建立在其经济技术特征的基础上。一是软要素具有非竞争性、非排他性的特征。受到物质形态和流动性的限制，土地、资本、劳动力等硬要素在使用中存在明显的竞争性和排他性，要素间的渗透性和替代性也较弱，存在一定的界限；而技术、知识、管理、数据等要素则可以突破物理界限，流通性较强，因此具有较强的外部溢出效应。二是软要素具有边际成本递减、边际收益递增的特征。传统经济学理论已经证明，土地、资本、劳动力在使用中存在边际成本递增、边际收益递减的现象，在会计核算中则表现为折旧和贬值；而软要素则不同，使用中边际成本损耗并不明显，甚至有的要素还出现边际收益递增的现象。这些特性使数据要素具备了“三非属性”和“三高属性”。

“三非属性”是指数据要素具有非物质性、非同质性、非消耗性。（1）非物质性主要是就形态而言的，与硬要素相比，数据要素的形态具有非实物性的虚拟化特征。一方面，数据要素的形态具有虚拟化，以“0”“1”要素在系统中存在；另一方面，数据要素对其他要素的模拟反应也是以虚拟化的形式存在，使得其他有形要素在数字世界具有虚拟化的分身。（2）非同质性是指数据要素的规模、质量、加工程度、使用程度、连接程度、应用场景均会使其产生的价值具有较大的弹性范围。对于不同的使用者来说，同一个数据集产生的价值和效用并不相同。例如前文提到的出行数据的例子，对交通管理部门和运输企业来说，同样的数据集产生的经济价值、社会价值并不相同；并且不同的数据挖掘技术使同样的数据集面对不同程度的加工，从而使得数据要素的增值性发生变化，产生不同的使用效率。（3）非消耗性是指数据要素不会随着使用造成形态上的损失、功能上的消耗，理论上数据要素可以被无限次使用。

数据要素的“三高属性”是指高流通性、高赋能性、高外部性。（1）高流通性指的是数据要素的流通能力不受空间和行业的阻隔。传统的土地不能在空间流通，劳动力和资本的转移也受到空间和时间的限制，而数据要素非物质性的属性，使其在跨行业、跨空间流通时不受任何限制，理论上只要能够有光纤和接收数据的终端设备，数据就能够在任何时间、任何地点流通。（2）高赋能性指的是数据要素对其他生产要素、其他产业具有高渗透、广覆盖的作用，通过通用技术能力进行全方位赋能，带动其他要素和产业数字化转型。（3）高外部性是指数据要素对其他生产要素的替代性高，使得其他要素和使用数据要素的生态系统受到的影响程度更高。这种外部性并不单指正外部性，如果数据质量较低，则意味着使用该数据要素的整个系统均会受到负外部性的影响。

（二）数据的“三共属性”“三零属性”

数据要素作为目前流通性最强、排他性和竞争性较弱的软要素，具备“三共属性”，即多元共享性、共界性和共时性。（1）多元共享性有两层含义，一是指数据要素的参与主体可以多元化，利用同一数据进行多元化的价值探索，例如，生产、研发、销售、运营的各个环节可以同时使用某一数据，由多个主体参与。二是指数据要素的权属具有多元性，在被不同场景、不同主体使用时，其权属也会随之发生变化，因此权属的状态存在空间和时间上的叠加，即“一数多权”。(2) 共界性亦可称为跨界性/跨场景性，一方面是指数据要素的来源、使用可以跨不同领域，实现空间维度的跨界；另一方面是指数据要素可以与不同类型的其他要素进行结合，谋求经济价值或技术价值的增值和最优化，实现要素使用与价值增值过程的跨界。例如，数据要素可以帮助资本要素找到最佳的投资路径，可以与技术要素相融合提升创新的效率、实现产品工艺或业务流程的优化等。(3) 共时性是指数据的供给与需求都是共时的、即时的，数据要素可以通过智能终端即时性地产生、传输和处理，这些环节的发生延迟时间很短，可以视为同时产生的。因此数据要素可以对供需两端进行实时匹配，相对于其他要素，更具有供给弹性。“三共属性”使得数据要素在流通、使用过程中相关权属的清晰界定较为困难，因此对现行的产权制度、交易制度提出了挑战。

数据要素的“三零属性”是从成本的角度对数据的属性进行总结，指数据生产成本趋零、边际成本趋零、机会成本趋零。(1) 生产成本趋零并不是指完全没有成本，数据的收集、传输、接收等基础设施建设需要大量的成本，但是一旦这些基础设施建设完善，数据的产生并不需要太大的成本，每时每刻都有大量数据在各种场景下产生，比如生产数据、生活数据等，这一特性也造就了数据的非稀缺性。其他传统要素则不具备这一性质，如土地自古就是稀缺资源，且数量上有上限；从政治经济学的视角，劳动力的再生产受到生理条件的限制，资本的产生也受到商品价值和货币流通转换过程的影响。知识、技术、管理等软性要素也不具备生产成本趋零的特性，新知识和新技术的产生是一个较为漫长的过程，管理手段的更新也与技术的更迭紧密相连，因此生产成本趋零是数据要素的独特属性。(2) 边际成本趋零是从非消耗性延伸而来的属性，指的是数据在使用过程中生产成本随着生产量的增加趋于零，这完全不同于其他要素边际成本递增的属性。这也意味着数据的供应理论上是无限的，数据的价值随着使用规模的扩大、场景的增加而增大，这也符合目前数据要素的实际使用情况。(3) 机会成本趋零是数据要素"三非属性""三共属性"的推论，即企业在利用某一数据要素对某一项目进行投资时，所放弃的其他项目的成本为零，这使得数据成为驱动经济系统运转和经济增长的核心。正是由于数据要素具备的"三零属性"，使得数据要素在微观层面表现为效率提升，在宏观层面表现为应用于多场景的数据可以实现价值倍增。

第三章　数据要素市场建设面临的问题与挑战

中国人口众多，经济主体数量庞大，数据应用领先全球，未来数据总规模及增速将为全球首屈一指，构建全球领先的超大规模数据要素市场的先天优势已经具备。近年来，中国数据要素市场建设从初步探索到积极推进，大数据产业快速发展，已经成为推动中国经济社会发展的重要引擎。作为生产要素，数据具有区别于土地、资本等传统生产要素的特点。由于数据要素的独特性和复杂性，数据要素市场建设在取得显著成绩的同时，仍存在不少掣肘与制约、短板与不足，大数据容量大、类型多、速度快、精度准、价值高的“5V”特性未能得到充分释放。

从数据使用的全生命周期来看，数据要素从产生到发生要素作用的全过程可分为数据供应、数据加工、数据流通（包括数据交易）、数据应用四大环节，包括数据收集、存储、治理、加工、分析、开发、流通、运营、第三方服务等具体环节。从数据要素市场主体来看，其主要由数据流通、数据交易和应用场景构成。其中，数据流通是数据要素合法有序流通的基础，数据交易是市场化配置的过程，基于一定场景的数据应用既使用数据同时生成数据，它们共同构建起整个数据要素市场。简单用公式表示即为：数据流通 + 数据交易 + 应用场景 = 数据要素市场。培育超大规模数据要素市场，有必要在厘清数据要素对象的特征、流动规律的基础上，洞悉数据要素市场构成主要环节存在的突出问题与挑战，才能构建起相对健全的体系架构。

一　数据要素市场基础设施不健全

以数据为关键要素的数字经济加速发展，对与之相关的基础设施提出了新的要求，需要建设适应数据要素特征、促进数据流通利用、发挥数据价值效用的数据基础设施。数据基础设施是从数据要素价值释放的角度出发，在网络、算力等设施的支持下，面向社会提供一体化数据汇聚、处理、流通、应用、运营、安全保障服务的一类新型基础设施，是覆盖硬件、软件、开源协议、标准规范、机制设计等在内的有机整体。打造基于应用场景并可能创造新的应用场景的政府政务数据共享平台，可以完善数据安全合规机制，使数据登记凭证、数据流通凭证、数据交易凭证相互印证，实现数据交易的合法合规、安全有序，推进数据和其他各领域数据融合应用，最大化释放数据价值。

中国数字经济公共基础设施建设取得了长足进步，但与数据要素市场相匹配的上述基础设施仍存在诸多不足，特别是交易系统、交易平台、安全保障等数据交易公共基础设施仍处于探索和尝试阶段，交易生态系统尚不健全。这必然导致数据交易所场内交易成本过高，严重制约了与数据交易相关的各类主体如数据供应商、数据中介服务商、数据需求主体等参与的积极性，因而总体交易清淡。已有的数据交易主要是靠官方撮合和引导，市场主体自发参与的激励不够。政府、企业、科研院所、行业协会、孵化器、国际合作等多元主体参与的数据要素市场创新生态尚未形成。

二　数据应用场景释放不够

场景是数据应用的主战场，也生成新的数据并催生数据应用新场景。在工业制造、现代农业、商贸流通、科技创新、文化旅游、金融服务、医疗健康、智慧城市、绿色低碳等国民经济诸多领域，大数据应用场景极为丰富，但都存在释放不够、挖掘不力等问题。数据应用场景释放不够必然导致数据流通不畅，数据交易难以活跃。以数据交易所场内交易为例，交易清淡还缘于交易大多和应用场景不关联，虽然有一些规范要求，但无法实现数据要素的便捷流通和低成本多场景应用，不能充分释放数据要素价值。可以说，不含应用场景的数据市场难以形成真正活跃的数据要素市场。

与交易所数据交易相比，数据的场外交易大多和应用场景相结合，是数据要素流通交易，占比大、较活跃，但由于交易基础设施不健全，规则不统一、不规范，呈现无序状态，甚至可用乱象频发来形容。例如，大量数据需求能通过场外数据“灰市”甚至“黑市”完成交易。大量互联网企业广泛收集个人身份信息，并进一步关联归集社交、生活、购物、出行等数据作为用户“精准画像”依据，成为“暗网”和数据“黑市”中潜在的热门交易产品。近年来，由于“内鬼”盗卖和黑客攻击，已经发生数十起涉及千万量级的用户隐私数据泄露事件。这无疑给数据安全治理带来难题并增加尽快治理的紧迫性。

三　数据开放共享与有效供给不足

中国数据资源总量规模庞大，数据要素市场发展潜力强劲。特别是进入数字经济时代，数据产生速度更快、体量更大，但大部分数据都被少数经济主体控制，各主体间“数据孤岛”现象严重，数据资源无法安全高效流通并被合理地分配和利用。

在政府层面，多年积累的政务数据体量庞大且具有极高的利用价值，但政务数据开放的动力机制并未很好地建立。与美国相比，中国政府数据开放刚起步，全国开放数据集规模比例偏低，仅约为11%，企业生产经营数据中来自政府的仅占7%。企业获取政府数据、政府获取企业数据或企业之间交换数据，均存在巨大障碍。在区域层面，受限于区域壁垒，各地政府牵头组建的数据交易中心存在较严重的同质化竞争，且往往服务半径很小。武汉甚至一度同时存在华中、长江、东湖三个数据交易中心，各自为政，相互竞争。各区域交易市场自主探索数据交易要件体系，但难以形成统一的数据要素市场交易规则和有效定价机制，导致各交易平台难以规模化发展，服务能力受限，无法建立可靠的公信力。在行业层面，近年来互联网公司阵营划分界限逐步明晰，依靠“赢者通吃”定律垄断现象渐趋凸显，形成“阿里系”“腾讯系”“百度系”等各自的数据共享阵营，彼此之间数据壁垒森严，无法有效畅通流通，阿里数加、京东万象、腾讯大数据、百度AI交易平台等头部企业交易生态体系彼此竞争激烈，严重阻碍了数据要素市场的一体化步伐。

各种壁垒的存在必然导致数据资源供给不足。在公共数据方面，现有开放程度不够，已有数据开放平台上的数据存在内容重复、种类单一、数量整体偏少、质量参差不齐等问题。共享的数据以传统统计类数据为主，社交网络数据、视频数据等新型数据较少，覆盖面较窄，数据开放系统的接口开放率较低。同时，由于客观上存在的数据管理标准不完善、数据交易体系不健全、数据资源供给能力有限等问题，一定程度上导致了交易场所内的数据资源整体质量不高、交易流通不畅、供需不匹配等现状。大量有价值且可公开利用的“沉默”数据分散在公共部门和企业，而这些部门和企业由于种种原因，并未完全摸清自身的数据资源状况，同时限于自身信息能力，海量的数据资源短时间内难以变成有价值的数据资产，从而导致数据资源有效供给不足。

四 多重难点制约数据流通交易

从数据市场建设全过程看，数据要成为可以自由流通的要素进入生产环节释放应有价值，有赖于突破数据确权、数据定价和数据流通等市场化环节的诸多难点，建立起支撑数据要素流通交易的配套体系。但目前中国仍面临着基础理论薄弱、数据权属界定困难、数据交易定价难、交易合法合规性确认难等现实问题，导致数据尚不具备作为一种生产要素所必须的商品化、资产化机制。

（一）数据要素确权难

在确权层面，明晰的产权和完善的权属登记制度是开展市场交易的基础。数据作为一种虚拟环境物品具有独特性和复杂性，与传统现实物品相比，其权利体系的构成与界定差异很大。数据主体多元，数据权属生成过程多变，且同时存在国家主权、产权和人格权三种确权视角，彼此之间难以通约，需要对传统民事权利体系理论进行扩充和完善。目前，全球数据立法规制主要包括欧（隐私权导向）、美（财产权导向）两大体系，隐私权导向规制对数据保护过度，数据产业发展活力不够；财产权导向规制则片面强调市场规则，个人隐私难以保障。中国数据确权原则尚不清晰，导致政府和产业无所适从，缺位、越位、错位现象时有发生。

当然，“数据二十条”明确提出要通过分置数据资源持有权、数据加工使用权和数据产品经营权，推动构建数据产权制度框架。这为搁置数据要素产权争议，探索所有权、持有权、处置权、使用权、收益权分离与匹配提供了顶层安排，也为市场主体积极探索创新数据要素交易各类行之有效的方式和途径带来了可能。

（二）数据交易定价难

在定价层面，不同于大多数商品“先了解后使用”的模式，多数数据产品的了解过程与使用过程重叠，导致数据可用性无法事先确定，买卖双方对于数据价值的评估存在“双向不确定性”，加上数据具有高固定成本低边际成本、产权不清晰、来源多样、管理复杂和结构多变等特征，使得数据要素定价难度远大于其他产品。目前，大量零散的数据交易定价均为针对特定应用场景的非标准化定价，缺乏统一的数据定价规则。

（三）合法合规流通交易认定难

在流通层面，由于数据流通交易制度不完善，缺乏清晰统一的规则，缺乏权威、统一的数据可信流通基础环境，交易双方难以证实数据流通交易合法合规，数据交易双方信任机制难以有效建立，相当一部分数据持有者面临“不敢”推动数据流通交易的困境。在交易事前阶段，由于当前绝大多数交易均依靠“点对点”场外交易方式，缺乏针对交易对手方和数据产品的评估体系，数据质量难以保证，“脏”数据、假数据随处可见。在交易事后阶段，对于交易双方而言，数据“买定离手”，如果缺乏可信的交易第三方监管，一方将数据移交另一方后，彼此很难控制对方的数据使用流向，因此建立信任关系十分困难，也导致供求双方面临逆向选择和道德风险，显著增加了市场交易成本。

（四）数据要素认识尚不到位

数据流通交易不畅通的根本原因是尚未认识到数据要素对数字经济发展的关键作用。无论是一般公众，还是学术界，乃至政府层面，仍极其缺乏“用数据说话、用数据决策、用数据管理、用数据创新”的大数据思维。数字政府建设成效未能取得更进一步的突破，政府数字治理仍存在路径依赖和强大惯性，对数据应用、数据治理和数据运营的重要意义认识不足，数据治理效率低、成本高。产业数字化转型政策扶持尚不够精准，政策兑现力度与企业诉求间存在较大差距，从而形成了制度性障碍。企业等市场主体对大数据融合应用的准备不足，自身信息化基础较弱且意愿不强，对数字化转型的重要性认识不足，企业决策管理层对数字化转型前景缺乏信心，数据资源优势尚未转化为发展优势。学术界对于数据要素的特征和规律、数据要素权属与价值等相关研究还有待深入。

五　数据安全支撑能力有待提高

当前数据安全治理的形势仍然极为严峻，突出表现在敏感数据泄露、违法跨境数据流动等隐患依然存在，隐私泄露问题没有得到根本性改善。随着数据价值的充分显现，资本的逐利本性为大数据技术不断获取更多、更全面的信息提供持续动力，使海量的个人数据、企业数据在互联网中迅速地传播和共享。大数据平台整合存储了海量的民众、企业和社会组织数据，相当一部分企业缺乏相应的数据安全管理机制和安全保障能力。上述数据一旦遭到泄露，对民众而言可能会造成隐私曝光等不良影响，对企业和机构可能造成核心经营数据和商业秘密泄露等损失，对政府可能造成管理决策失误、社会治理失灵乃至损害国家安全等问题。各国纷纷从最有利于自身经济发展和数据保护的角度出发，在国家安全、隐私保护、产业能力等多元因素的复杂影响下制定数据跨境流动治理规则，使得跨境数据流动面临多元化规则挑战。这也对构建数据要素全流程多方监督体系和完善安全治理体系提出了要求。

在宏观层面上，中国已施行《中华人民共和国民法典》《中华人民共和国数据安全法》《中华人民共和国网络安全法》《中华人民共和国个人信息保护法》等法律规范，初步建立个人信息保护法律框架，但对于收集和交易涉及个人信息数据时的数据产权归属、类型和结构界定规则等缺乏实施细则，落地仍然较为困难。在管理机构设置上，中国已成立国家数据局，为国家层面上统筹推进数字中国、数字经济、数字社会规划和建设，协调推进数据基础制度建设，统筹数据资源整合共享和开发利用提供了组织上的保障，但在理顺数据安全、数据交易、数据交易市场准入、数据共享开放等治理机制，形成完善的配套规则体系等方面有许多重要工作要做。

第四章　数权与数据流通

数据要素是数字经济时代的一种新型生产要素。相比于土地、劳动、资本和技术等传统生产要素，数据要素具有可复制性、非竞争性和半排他性的特征，这导致数据要素的流通不同于传统生产要素。传统的生产要素在市场流通时，其使用权具有严格的排他性，无法同时参与两个及以上的生产活动；数据要素则不然，可以同时参与两个及以上的生产活动，且互不影响；传统生产要素的使用权和所有权具有极强的一致性，所有权决定了使用权，数据要素的使用权和所有权不存在这种关系。

数据流通是数据要素价值化的必要条件，而数权则是数据流通的基础。从现实情况来看，数据要素所有权的拥有者无法完全控制数据要素的使用权，甚至对数据的处理权。因其伴生性的特征，数据的生产、加工、记录、维护等操作大多数时候无法完全由单个市场主体完成，数据所有权也因此难以界定，这导致数据带来的收益很难找到一个合理的分配机制，再次阻碍了数据要素的流通。所以，讨论数据要素流通必须先充分厘清数权体系。

一　数据产权及其属性

（一）数权概念辨析

任何事物的存在都应该有相应的权利属性，数据也不例外。数权，顾名思义，是围绕数据而产生的一组权利束，是相对于物权而言。2007 年 3 月 16 日，第十届全国人民代表大会第五次会议通过了《中华人民共和国物权法》（以下简称《物权法》），《物权法》明确规定物权是指权利人依法对特定的物享有直接支配和排他的权利，包括所有权、用益物权和担保物权。《物权法》对于这三种权利相关的直接表述如下：

> 第三十九条　所有权人对自己的不动产或者动产，依法享有占有、使用、收益和处分的权利。
>
> 第四十条　所有权人有权在自己的不动产或者动产上设立用益物权和担保物权。用益物权人、担保物权人行使权利，不得损害所有权人的权益。
>
> 第一百一十七条　用益物权人对他人所有的

> 不动产或者动产，依法享有占有、使用和收益的权利。
>
> 第一百七十条　担保物权人在债务人不履行到期债务或者发生当事人约定的实现担保物权的情形，依法享有就担保财产优先受偿的权利，但法律另有规定的除外。

类比于物权，数权因此可以定义为，权利人依法对特定的数据享有直接支配和一定程度上排他的权利，包括所有权、用益数权和担保物权。之所以提出“一定程度上排他的权利”是因为数据相对物质具有半排他性，也就是说，数据并不具备使用权上的唯一性，可以同时满足两个及以上的市场主体使用。

现实中，数据生产的伴生性使其所有权很难完全明确属于具体某单个市场主体，往往出现多个数据生产的关联方对数据所有权提出主张的情况。例如，用户在使用互联网平台时被记录的行为数据；数据的可复制性、非竞争性和半排他性可使同样的数据同时被多个市场主体占有、使用和处理。如果过分地分辨数据的所有权，意味着强调数据的排他性，有可能导致数据的实际占有者因担心涉嫌侵权问题将数据封闭起来，阻碍数据的市场流通。因此，数权应该重使用权而轻所有权。

数据权益分配的基础是使用权和经营权，即用益数权。“数据二十条”提出：“根据数据来源和数据生成特征，分别界定数据生产、流通、使用过程中各参与方享有的合法权利，建立数据资源持有权、数据加工使用权、数据产品经营权等分置的产权运行机制，推进非公共数据按市场化方式‘共同使用、共享收益’的新模式，为激活数据要素价值创造和价值实现提供基础性制度保障。”并在第五条和第七条明确提出：

> （五）推动建立企业数据确权授权机制。对各类市场主体在生产经营活动中采集加工的不涉及个人信息和公共利益的数据，市场主体享有依法依规持有、使用、获取收益的权益，保障其投入的劳动和其他要素贡献获得合理回报，加强数据要素供给激励。
>
> （七）建立健全数据要素各参与方合法权益保护制度。充分保护数据来源者合法权益，推动基于知情同意或存在法定事由的数据流通使用模式，保障数据来源者享有获取或复制转移由其促成产生数据的权益。合理保护数据处理者对依法依规持有的数据进行自主管控的权益。在保护公共利益、数据安全、数据来源者合法权益的前提下，承认和保护依照法律规定或合同约定获取的

数据加工使用权，尊重数据采集、加工等数据处理者的劳动和其他要素贡献，充分保障数据处理者使用数据和获得收益的权利。保护经加工、分析等形成数据或数据衍生产品的经营权，依法依规规范数据处理者许可他人使用数据或数据衍生产品的权利，促进数据要素流通复用。建立健全基于法律规定或合同约定流转数据相关财产性权益的机制。在数据处理者发生合并、分立、解散、被宣告破产时，推动相关权利和义务依法依规同步转移。

因此，从《物权法》的推论和“数据二十条”的相关表述可以认为，使用权既是数据产权体系的中心，也是数据要素流通的核心标的。

（二）数据产权属性

数据作为一种新兴的资产，拥有一系列与传统实物资产不同的特点，这些特点包括虚拟性、伴生性、可复制性、非竞争性、半排他性等诸多特征。这些独特属性导致了数据的产权可以从多个维度进行探讨，例如多维属性、多主属性、生态属性以及动态属性。这些属性之间存在因果关系，彼此相互影响，共同塑造了数据在现代社会中的重要地位和复杂性。

多维属性是指数据的产权不仅可以由一个单一的权益人或实体所拥有，而且可以涉及多个权益人或多个维度的参与者。这意味着数据可能具有多个层面的权利和责任，这些权利和责任可以同时存在于不同的市场主体之间。第一，多重权益人。数据生产的伴生性意味着可以同时涉及多个权益人或参与者，每个权益人可能对数据拥有不同的权利和责任。例如，一份医疗记录的数据可能涉及医生、患者、医院和保险公司等多个权益人：医生有权访问和更新数据，患者有隐私权，医院需要确保数据的安全性，而保险公司可能需要数据以确定理赔。第二，多个权益维度。根据不同权益人在数据生产过程中扮演的角色不同，数据的产权可以根据不同的权益维度进行划分。这些维度可以包括知识产权、使用权、隐私权、控制权等。例如，在知识产权维度下，一个公司可能拥有对其创造的数据的知识产权，但在隐私权维度下，个人用户可能拥有对其个人数据的隐私权。第三，权益人之间的权益冲突。多维属性导致了不同权益人之间可能存在权益冲突。特别是数据使用时存在严重的外部性，很难出现数据完全封闭式的单独使用。① 例如，在个人数

---

① Acemoglu D., Makhdoumi A., Malekian A., et al., "Too much Data: Prices and Inefficiencies in Data Markets", *American Economic Journal: Microeconomics*, Vol. 14, No. 4, 2022.

据的情况下，个人的隐私权可能与商业公司的数据分析和利润追求存在冲突。第四，多重法律规定。合同可以明确规定数据的产权分配和使用条件，而法律法规可以为不同类型的数据建立法定产权框架。例如，专利法规定了知识产权的保护，隐私法规定了个人数据的使用和保护。

多主属性是指数据的产权可以同时涉及多个权益人或多个实体，这是由数据的伴生性决定的。这意味着数据可以有多个主体，每个主体都可以在数据的控制、使用和管理方面拥有权利和责任。比如：（1）共享数据所有权。在多主属性中，数据的所有权不限于一个单一的实体，多个主体（如个人、组织、公司、政府机构等）可以共同拥有数据的所有权。例如，电商平台上的用户数据。（2）权益分配和责任。每个数据的主体可能会在数据的不同方面拥有权益和责任，包括访问、使用、共享、收益和管理数据。（3）隐私和安全。在多主属性中，权利可同时隶属于多个不同的市场主体，导致隐私和安全问题尤为重要，不同的主体可能有不同的隐私需求和安全标准。（4）法律和监管。多主属性的数据涉及法律和监管方面的复杂性，特别是在当前以《物权法》为主导的法律体系下。法律和法规需要根据数据的具体特性，明确规定多主属性数据的权益分配和责任，以确保数据占有、使用、加工、经营的合法性和合规性。

生态属性是指数据不是孤立存在的，而是存在于更广泛的生态系统中，与其他数据、资源和参与者相互关联和互动。数据的生态属性反映了数据在整个生态系统中的位置、相互依赖性以及对生态系统的影响。数据的生态属性包括：第一，相互关联性。数据在生态系统中与其他数据和资源相互关联。这些关联可以是直接的，如数据本身和数据释放价值的场景；也可以是间接的，如数据与应用程序、服务、设备和人之间的关系。第二，数据流动性。数据在生态系统中可以流动和传递。数据流动可以涉及多个参与者，包括数据的生产者、消费者、中间经纪人和数据交换平台。第三，生态系统互动。数据的生态属性意味着数据不仅仅是被动地存在于生态系统中，还可以主动参与生态系统的互动和反馈循环。例如，人工智能训练时需要数据集不断地循环投喂，新的产出也会丰富原有的数据集。[①] 第四，价值网络。数据的价值不仅取决于其本身的质量和内容，还取决于它在生态系统中的位置和参与者之间的价值网络。[②] 数据可能会在不同的环节中增值，而这些环节可以包括数据集成、分析、共享、

① 李震国、端利涛、吕本富：《智能化系统建设中的实用伦理规则设计原则》，《中国行政管理》2022 年第 6 期。

② 王伟玲：《政府数据授权运营：实践动态、价值网络与推进路径》，《电子政务》2022 年第 10 期。

交换和创新。第五，外部性。[①] 数据的存在和使用可以影响整个生态系统，甚至其他生态系统。例如，社交媒体数据的传播和使用可能会影响社会舆论、政治决策和商业市场。[②] 因此，数据的管理和使用必须考虑其潜在影响以及对生态系统可持续性和健康的影响；而且数据在使用过程中由外部性产生的收益需要着重关注。

动态属性是指数据的产权和性质在不同时间和情境下可能会发生变化的特征。这一属性反映了数据产权的灵活性和相对不稳定性，取决于多种因素，包括法律法规的变化、技术进步、数据内容的更新和数据生命同期管理等。第一，法律和法规的变化。数据的产权和管理受到法律和法规的影响，而这些法律和法规可能会随着时间而变化。例如，隐私法规、知识产权法规和数据保护法规可能会在不同的时间点进行修改或更新，从而影响数据的产权、使用和共享条件。最典型如"数据二十条"提出了"数据资源持有权、数据加工使用权、数据产品经营权"三权分置。第二，技术进步。不断发展的技术可能会改变数据的性质和用途。新的技术可以使数据更容易获取、分析和共享，

① 王佳宜、王子岩：《个人数据跨境流动规则的欧美博弈及中国因应——基于双重外部性视角》，《电子政务》2022 年第 5 期。

② 石峰、李彦泽、邵雷：《社交媒体舆论操纵者识别的数据挖掘算法及实证分析——以国际大型赛事为例》，《情报杂志》2023 年第 6 期。

从而产生更高价值，也可以带来新的数据类型和应用场景，例如网络爬虫问题。[1] 第三，数据内容的更新。数据内容本身也可能会随着时间而变化。数据可以随着新信息的添加而不断更新，或者随着数据的过时而失效。[2] 在这种情况下，数据的价值、产权和管理方式可能需要进行调整。第四，数据生命周期管理。数据通常具有生命周期，从数据的创建、存储、使用到归档和销毁，不同阶段可能需要不同的产权管理策略。[3] 例如，在数据的使用阶段，权益人可能需要访问和共享数据，而在数据归档或销毁阶段，需要采取适当的措施来维护数据的安全性和隐私。

二　数权的类型

数据的流通本质上是使用权的流通。因数据具有虚拟性、非竞争性和半排他性特征，数据通过合法合规的方式流通到某个市场主体，那么该市场主体就获得了该数据的使用权。因此，在数据流通过程中，其

① 苏青：《网络爬虫的演变及其合法性限定》，《比较法研究》2021 年第 3 期。

② 德勤：《数据、数据资产及其价值评估》，https://www2.deloitte.com/cn/zh/pages/finance/articles/data-asset-and-its-evaluation.html。

③ 权忠光、梁雪、邵俊波、崔婧：《生命周期视角的数据资产评估方法及其适用性研究》，《中国资产评估》2022 年第 9 期。

使用方式、流通渠道和应用场景的不同反映出不同的权利内涵。对于跨境数据流通，当数据所蕴含的信息涉及国家安全时，数据表现出主权特征；当涉及公共权益层面时，数据需要由政府监管或直接使用，数据表现出公权特征；当数据仅在国内市场流通时，数据表现出私权特征。因此，数据的主权、公权和私权是数据流通时数权的三个关键层面，它们在数据管理和法律框架中扮演不同的角色和具有不同的特点。

（一）数据主权

数据主权是国家对其主权领域内数据的最高控制权。在现代社会，数据已经成为国家安全、经济发展和社会治理的关键资源，特别是网络空间成为国家继海、陆、空、天之后的第五主权域，数据作为网络空间的最重要基础必然也是主权的重要组成部分。因此，政府通常拥有对国内数据的主权，以确保国家利益和法律合规性。这种主权使国家有权力规定数据的使用、存储和传输条件，确保数据的合法使用，以维护国家权益。数据主权体现在以下层面。

第一，国家主权与数据隐私。数据主权与数据隐私之间存在复杂的关系。企业或个人在行使自己的隐私权时也必须充分尊重国家主权；政府在维护国家主权的同时，也必须平衡保护个人和企业的数据隐私权。

这需要建立合适的法律框架和监管机制，以确保数据的安全和隐私保护，同时不触犯主权。某网约车企业在2021年的案例突显了数据主权的问题。该企业为在美国纽约交易所上市，涉嫌将其在国内的数据提供给美国监管部门，这引发了数据主权的争议。

第二，特定领域的数据主权。数据主权不仅涉及整体国家数据，还可以表现为对特定数据类型或领域的监管。例如，国防数据、健康数据和金融数据等可能受到特殊的国家主权保护。这些领域的数据对国家安全和公众利益具有重要意义。

第三，国际数据流通和合作。随着全球化的发展，国际数据流通变得普遍。因此，国际合作和协议在处理数据主权问题上变得至关重要。目前，全球主要经济体对数据跨境的治理侧重点不同。例如，欧盟注重个人数据权益保护；美国坚持数据自由跨境，重视数据经济价值；俄罗斯强调国家主权与国家安全，建立数据本地化规则，限制数据跨境流通。[①] 数据蕴含着巨大的价值，只有流通才能使数据的价值得到更大的释放。因此，国际社会需要制定共同的标准和准则，以促进数据的安全流通，同时尊重各国的数据主权。

---

① 张奕欣、王一楠、陈继鑫、吕欣润：《从数据跨境流动的域外规制看中国对策》，《重庆邮电大学学报》（社会科学版）2022年第2期。

（二）数据公权

数据公权是指政府、政府机构或公共部门对数据的特殊权利和责任。这一概念强调了政府在数据领域的关键作用，以支持公共利益、社会治理和政府职能的履行。数据公权主要涉及以下几个方面。

第一，数据持有者的多重角色。政府和公共部门在社会中扮演着多重角色，既是数据的生产者和持有者，也是数据的监管者和分发者。这意味着政府拥有对各种数据的管理和使用权，包括社会统计数据、法律法规数据、公共服务数据等。

第二，支持政府职能。数据公权的一个核心目标是支持政府职能的履行。政府需要数据来进行政策制定、资源分配、社会规划和公共服务提供等工作。数据的有效管理和共享有助于政府更好地满足公众需求和改善政府决策。

第三，数据开放政策。数据公权还包括数据的开放政策。一些国家制定了公共数据政策，鼓励政府机构主动开放数据，以促进创新、经济增长和公共服务的改进。这些政策使公众、研究机构和企业可进一步访问政府数据，从而促进社会的发展和创新。近年来，中国各地政府积极响应数据公权的理念，大幅度开放政府控制数据。以贵州省为例，于 2016 年 9 月 30 日正式上线运行了贵州省政府数据开放平台。该平台为公众用户提供了广泛的政府资源数据，这些数据涵盖了交通、林业、司法、金融、教育、建筑、医疗、社会救助、农业9个领域。这种举措有助于促进各领域的发展，提高了政府的透明度和公共参与度。

第四，数据治理和隐私保护。数据公权伴随着对数据治理和隐私保护的责任。政府需要确保数据的合法性、安全性和隐私保护，以避免滥用和侵犯隐私。这需要建立严格的数据管理和安全标准，以维护公众信任和数据的可信度。

（三）数据私权

数据私权是指自然人和非政府法人实体对数据的所有权、数据资源持有权、数据加工使用权、数据产品经营权等。隐私权是私权的一个关键方面，涉及个人对自己信息的隐私和保护需求。个人通常希望能够控制其数据的访问和共享，以保护自己的隐私。企业和组织也可以拥有私权，如商业数据和知识产权。因此，企业可以对其数据资产进行管理、保护和利用，以实现商业目标。在以使用权为中心的数权体系下，数据资源持有权、数据加工使用权、数据产品经营权是当前促进数据要素流通层面的重要权利，是数据私权的重要表现。数据私权涉及以下几个要点。

第一，个人数据/商业数据私权分别强调了对个人和商业组织数据的所有权和控制权。个人数据私权涉及个体对个人信息（如姓名、地址、电话等）的所有权和决策权，通过隐私权保护个人免受信息滥用和泄露的风险。商业数据私权则强调企业和组织在商业数据和知识产权方面的所有权，使其能够实施访问控制、保密性和安全性措施，以确保竞争力和知识产权的保护。

第二，数据资源持有权。数据资源持有权是指拥有数据的实体具有控制和管理这些数据的权利，即使数据的所有权可能归他人所有。持有者有责任确保数据的安全和合规使用，强调了对数据负有管理责任的角色。这一权利确保了数据持有者能够有效地保护数据，防范潜在的滥用和违规行为，同时促进数据的合理和安全的使用。

第三，数据加工使用权。数据加工使用权授予持有此权利的主体对数据进行处理、分析、传输和利用的权利。这一权利涵盖了对数据的处理方式、用途以及访问权限的控制。拥有数据加工使用权的实体能够决定如何有效地利用数据以满足其需求和目标，包括对数据进行各种操作，如分析、转移和利用，强调了数据的灵活性和多样性用途。同时，这需要在合规框架内行使，以确保数据的合法和透明使用。

第四，数据产品经营权。数据产品经营权是指持有此权利的主体有权将数据转化为产品或服务，并从中获得相应收益，属于一种益数权。例如，企业和组织通过这一权利能够实现商业目标，包括对数据产品的开发、运营和推广。这一权利赋予了权利主体在数字经济时代创造和经营数据驱动的产品或服务的能力，使之为其带来商业价值并促进可持续发展。

（四）数权的“一体三面”

数据主权、数据公权和数据私权这三个层面的数据产权是数据的“一体三面”，在不同的场景中表现出不同的类型。这反映了复杂的数据生态系统中数据与具体的应用场景之间的关系。首先，主权、公权和私权表现存在一种层级关系。国家拥有最高级别的数据主权，其权威通过法律和法规来确保数据的合法管理和使用。在国家层面下，政府机构和公共部门则在数据公权的框架内行使权力，以支持政府职能和公共利益。在这个层级下，个人和私人实体拥有数据私权，强调了对个人数据隐私和个人权益的保护。其次，数权的主导表现依赖于场景。任何一笔数据的使用权一旦涉及跨境流通，数权则表现为数据主权，一旦涉及公共服务，数权则表现为数据公权。而任何一笔数据在国内场景的具体应用则又表现为私权层面的数据资源持有权、数据加工使用权、数据产品经营权。最后，数权类型转换的核心是使用权。不管是数据主权、数据公权还是数据私权，这种权利的展现依赖于具体的场景，但核心是数据在场景中的实际应用。

三 数权与数据流通之间的关系

数据是数字经济时代的核心生产要素，数据只有流通利用才能产生更高的附加值。[①] 从 2001 年杰里米·里夫金出版的《使用权时代》（*The Age of Access*）到 2016 年亚伦·普赞诺斯基与杰森·舒尔茨出版的《所有权的终结》（*The End of Ownship*），经过 16 年的过渡，所有权与使用权在产权体系中的位置发生了主次颠覆，出现了与现代产权制度截然相反的新产权制度。数据流通的本质是数据使用权的有偿共享。[②] 如果没有明确数权的利益分配机制，数据所有者的权益无法保证，数据的流通就难以实现。

（一）数权产生于数据流通

数权的产生往往是由于数据的流通和分享需求。

① 杨琴：《数字经济时代数据流通利用的数权激励》，《政治与法律》2021 年第 12 期。

② 龙荣远、杨官华：《数权、数权制度与数权法研究》，《科技与法律》2018 年第 5 期。

数字经济时代，无论是在商业活动、科学研究还是公共服务中，大量的数据需要在不同的地点、系统和实体之间流动和传递。这个过程中，数据的所有者、生产者和使用者之间的权益和责任问题开始显现，这促使了数权的产生和定义。数据的流通不仅是数权产生的背景，更是其产生的根本原因之一。

第一，数据的价值和利益平衡。数权的多维属性和多主属性使数据流通通常涉及多个参与者，包括数据的生产者、收集者、中间处理者、终端用户等。在数据流通的过程中，不同的实体可能追求不同的价值和利益，不同的群体对数据价值的评估不同，而且极易出现阿罗信息悖论。[①] 数权的产生反映了对数据价值和利益的平衡和协商。数据的所有者可能关心数据的隐私和安全，而数据使用者可能追求数据的商业价值和创新潜力。数权的产生是为了解决这些不同利益之间的冲突和协调。

第二，法律框架和规范。数据是21世纪的“石油”，蕴含着巨大的经济利益，甚至影响国家、地区、企业和个人的安全。数据的流通必须在权利明确的背景下，受到法律法规的保护和约束。因此，数权的产

① Duch-Brown N., Martens B., Mueller-Langer F., “The Economics of Ownership, Access and Trade in Digital Data”, https://papers.ssrn.com/abstract=2914144.

生与法律框架的制定和演化密切相关。政府和国际组织通常会颁布法律法规，规定数据的合法流通和保护，以确保数据的合规性和合法性。例如，欧盟出台了《通用数据保护条例》，美国出台了《澄清境外合法使用数据法案》，中国出台了《中华人民共和国个人信息保护法》、“数据二十条”等。

第三，隐私和安全问题。在数据流通中，数据的隐私和安全问题常常引发关注，数权的产生也与这些问题有关。个人和组织希望确保其数据在流通过程中不被滥用、泄露或侵犯，因此需要制定和行使数权，以维护数据的隐私和安全。由于法律制度的相对不健全，目前各数据资产的持有者很少将自己的数据拿来上市流通，这也是中国实施大数据战略以来，大数据交易中心在快速增加，但大数据交易规模扩大有限的重要原因。

第四，创新和合作。数据流通是创新和合作的关键动力，数权的产生也可以促进创新和合作。数据产权的清晰界定和保护可以鼓励数据生产者和使用者之间的合作关系，以开发新的应用程序、洞察见解和解决问题。这有助于推动数字经济的增长和社会发展。

第五，数据伦理和社会责任。数据流通伴随着数据伦理和社会责任的问题。数权的产生与数据的伦理使用和社会责任有关。个人、企业和政府需要在数据流通中承担责任，确保数据不被滥用、歧视或用于不道德的目的。数权的存在强调了这些伦理和社会责任方面的考量。

数权产生于数据流通是一个复杂而多层次的过程，涉及价值、法律、隐私、安全、创新、合作、伦理和社会责任等多个因素。这个关系突显了数据管理和隐私保护领域的复杂性，需要综合考虑各种因素来实现数据的合法、安全和有效流通。

（二）数权行使离不开数据流通

数权的实际行使需要数据的流通和共享，在没有数据流通的条件下强调数权毫无意义。无论是个人行使隐私权来限制个人数据的使用，还是企业使用合同来管理其数据资源的共享，数据必须在各个环节中流通，以便行使和监督权益。数权的行使通常包括许可、拒绝、访问、更正、删除等操作，这些操作都需要以数据的流通作为前提。因此，数据流通是数权的实际操作基础。

第一，数据许可和访问。数权的行使通常包括对数据的许可和访问控制。个人和组织可以基于其数权来授权或拒绝其他实体对其数据的访问。这涉及在数据流通中定义许可条件，包括谁可以访问数据、以何种方式访问以及在何种情况下访问。因此，数据的流通是数权行使的前提和基础。

第二，数据使用规则。数权的行使还涉及数据的使用规则。数据的流通可能涉及多种不同的使用情境，例如商业用途、研究、医疗用途等。数权的行使需要明确规定数据的使用条件，以确保数据在使用过程中符合权益人的意愿和法律法规。

第三，数据更正和删除。在一些应用场景中，数权的行使可能涉及对数据的更正和删除要求。如果数权的持有者发现数据中存在错误或不准确的信息，他们可能需要要求数据流通的实体进行更正。同样，数权也可能包括要求删除个人数据的权利，例如根据隐私法规的规定。

第四，数据监管和合规性。数权的主权、公权和私权三大权利属性要求数权的行使必须确保数据流通的合规性。这包括对数据流通过程的监管和监督，以确保数据的处理和传输符合法律法规。同时，监管机构可能会参与数据流通的合规性检查，确保数权的行使不受侵犯。

第五，数据流通的技术支持。数据价值实现的场景化需求决定数权的行使需要特定的数据技术工具和支持。这既包括数据访问控制系统、身份验证、加密技术等，以确保数据在流通过程中受到保护和控制，也包含数据掩蔽、数据监控与审计、数据流量统计分析、数据安全分析等技术支持。技术支持是数权行使的实际工具，它有助于实现数据的安全和隐私。

第六，个（法）人和政府监管部门的双认证。数权行使还包括个（法）人和政府监管部门的双认证。数权的持有者通常需要明确了解数据流通的情况，以便做出知情的决策。这强调了数据流通过程中透明度的重要性，确保数权的行使是基于充分的了解和同意的。例如，某一数据用户需要使用电商平台的用户数据时，除了必须经过电商平台的同意，原则上还必须经过用户许可，否则，可视为侵权。贵州安顺“安心干”平台的数据流通机制就是在征求个人同意之后，再向政府监管部门申请数据的使用权，即获得“双授权”之后才能真正地使用数据。

数权的行使不仅是对数权的实际运用，也是确保数据流通合法、安全和隐私的关键。这需要在合同、技术、法律、教育和监管等多个层面进行全面的考虑和实施，以保护数据权益人的权利和数据的安全。数据流通是数据生态系统中的核心活动，同时也是数权行使的场所和背景。

（三）数权是制约数据流通的关键

数权在数据流通中发挥关键作用，数权明确有助于促进数据要素流通；而数权不清则是数据要素流通的最大障碍，限制了数据的流通和使用方式。例如，个人数据的隐私权限制了个人数据的收集和共享，知识产权规定了数据的使用条件，法律法规和合同则对数据流通的合法性和合规性进行了规定。数权的存在使数据流通需要在规则、道德和法律框架内进行，以确保权益和合规性。

第一，访问和控制数据流通。数权的存在赋予了数据的所有者或权益人对其数据流通的访问和控制权。这意味着数据的流通必须在数权的框架下进行，并受到数权所有者的授权和监督。数权的存在对于规定数据的流通条件和要求起到了关键作用。这包括隐私法规、知识产权法、数据保护法等，它们规定了数据流通的限制和规则，确保了数据的安全和合法性。

第二，数据流通的伦理问题。数权的行使要求数据流通的各方考虑伦理问题，确保数据不被滥用或用于不道德的目的。这涉及对数据的伦理使用原则和社会责任的考虑。例如，Facebook 公司在未经用户允许的情况下将用户数据卖给英国的剑桥分析公司，用以干涉美国大选，引发了数据领域最大的丑闻。

第三，数据流通的安全性。数权的行使强调了数据流通的安全性。数据流通过程中可能面临安全威胁和风险，如数据泄露、黑客攻击等。数权的存在要求在数据流通中采取安全措施，包括数据加密、访问控制、身份验证等，以确保数据的保密性和完整性。

第四，数据流通过程中的创新和合作。数权的存在可以促进数据流通的创新和合作。数据流通需要各方合作，包括数据的生产者、共享者和使用者。数权的明晰界定和保护可以鼓励数据的开放共享和合作，以实现创新和价值创造。

第五，数据治理和监督。数权的行使需要建立有效的数据治理机制和监督体系。数据的流通必须在适当的监管下进行，以确保数权的行使不受到侵犯。监管机构可能需要参与数据流通的合法性检查，监督数据的使用和流通是否符合法律和伦理要求。

数权作为制约数据要素流通的关键，强调数据的合法性、合规性、安全性、伦理性和合作性。数权不仅规定了数据的使用和流通条件，还为数据的持有者和使用者提供了权益的保护和指导，以确保数据的合理、安全和有效流通。这一关系在数字时代的数据生态系统中具有重要意义。数权与数据流通之间的相互依存关系共同构成了数字时代数据生态系统的基础。数据的流通需要数权的规范和保护，而数权的行使也离不开数据的流通和共享。这个关系突出了数据管理和隐私保护领域的复杂性，需要在法律、伦理和技术层面进行综合考虑，以实现数据的安全、合法和有效流通。

第五章　数据要素流通的场景分析与模式探讨

一　场景的概念与内涵

在数字经济的快速发展中，场景已成为一个关键词。《“数据要素×”三年行动计划（2024—2026年)》中，明确推动“数据要素×”行动是让沉睡的数据活起来，结合不同行业的基础条件和数据禀赋，挖掘和释放数据要素典型领域应用场景，以场景为牵引，推动数据要素供给和流通使用，加快数据要素化进程，从而更好地实现数据价值，构建以数据为关键要素的数字经济。[①] 这更加清晰地说明了场景在数据要素流通中的重要作用。

场景，广义上指的是特定时间和空间内的环境背

① 《国家数据局局长刘烈宏一文讲透“数据要素×”》，https://www.thepaper.cn/newsDetail_ forward_ 25994512。

景，以及在此环境中发生的事件和活动。在数据科学领域，场景通常指的是数据生成和应用的具体环境，它不仅包括物理空间，还涵盖了社会文化、经济活动等多个维度。对于场景特性的理解分为多个角度。首先，场景是动态的，它随着时间的推移和活动的变化而变化。其次，场景是多维的，它涉及空间位置、时间节点、参与主体等多个方面。再次，场景是有界限的，即它有明确的边界，区分内部和外部环境。最后，场景是有意义的，它为数据的生成和应用提供了特定的语境和目的。在数据流通中，场景的作用尤为重要。数据源于场景应用，场景的具体特征决定了数据的类型、质量和价值。例如，一个购物场景会产生消费者的购买行为数据，而一个医疗场景则会产生病人的健康数据。这些数据在场景中产生后，可以通过数据要素化转化为可流通的资产。

场景的动态性意味着它不是静止不变的，而是随着时间和活动的变化而变化。这一特性在数据流通中具有重要意义。举例来说，随着季节、市场趋势或用户行为的变化，不同场景下产生的数据类型和数量也可能发生变化。因此，对场景动态性的认识有助于更好地把握数据的变化特征，从而更精准地应用和分析数据。场景的多维性是指其涉及的方面不仅限于空间位置，还包括时间、参与主体等多个维度。在数据流通中，多维性意味着需要考虑不同场景的复杂性和多样性。比如，在跨文化环境下，同一数据在不同场景中可能被赋予不同的含义和解释，这对数据的应用和解读提出了挑战。场景的界限性强调了场景的特定范围和边界。在数据流通中，了解场景边界有助于确定数据所处的特定环境和背景，进而更好地理解数据的生成和应用条件。这也有助于识别合适的数据管理和安全措施，确保数据在场景内得到适当的利用和保护。场景的意义性强调了它为数据提供特定的语境和目的。在数据流通中，了解数据产生的场景能够帮助理解数据的价值和意义。例如，在特定医疗场景下产生的健康数据可能对医学研究具有重要意义，而在金融交易场景中产生的数据可能对风险评估和投资决策有着重要的价值。

二 场景与数据要素产生

在数字经济的发展过程中，场景应用与数据要素的产生紧密相连。场景作为数据产生和应用的基础，提供了数据的生成环境和应用背景。数据要素化是指将场景中产生的数据转化为可以流通和交易的要素，这一过程对于数字经济的发展至关重要。场景与数据要素的产生是一个相辅相成的过程。场景为数据的产生提供了土壤，而数据要素化则是场景价值转化的关键一环。

（一）数据源于场景应用

一般来说，数据源于场景是指数据的产生与特定的环境、情境或应用背景息息相关。数据并非孤立存在，而是由特定场景中的活动、事件或过程所产生，这些场景可以是商业、医疗、科研或其他领域中的各种实践活动。

第一，数据的来源与场景应用直接相关。不同的场景或环境会导致不同类型、质量和含义的数据生成。比如，在电子商务平台上的购物场景中产生的数据可能涉及用户的购买历史、偏好和行为模式，而在医疗场景中生成的数据可能涉及患者的病历、诊断结果和治疗方案。因此，数据源于不同场景应用的特性和不同的背景信息，决定了数据的多样性和丰富性。

第二，数据的生成与场景应用密切相关。不同场景下的活动和事件会产生特定类型的数据。例如，在制造业的生产场景中，传感器收集的生产线数据可以提供关于设备运行状态和生产效率的信息；在社交媒体的用户互动场景中，用户的点赞、评论和分享行为会产生大量的社交数据。这些数据的生成过程反映了不同场景下活动的特点，对于理解和分析数据具有重要意义。

第三，数据的质量和准确性受到场景应用的影响。不同的场景可能会对数据的质量产生影响。例如，传感器数据在工业场景中可能面临噪声或干扰，影响数据的准确性；而在金融交易场景中，数据的完整性和准确性对于决策和风险管理至关重要。因此，了解数据产生的场景背景有助于评估数据质量，并采取合适的数据清洗和处理措施。

第四，数据源于场景应用对数据的解释和应用具有重要影响。不同的场景背景赋予数据不同的含义和解释。例如，在医疗场景下，一组生理参数数据可能对疾病诊断具有重要意义；而在市场营销场景下，相同的数据可能被用于用户行为分析和产品定位。了解数据产生的场景有助于更好地理解数据的含义和价值，推动数据在不同领域中的应用。

（二）场景应用实现数据要素化

场景应用是数据要素化的重要实现路径之一，它涉及将特定场景中的数据转化为可流通、可利用的数据要素，从而实现数据的更广泛应用和价值提升。

第一，场景应用实现了数据的要素化转化。场景应用所产生的数据通常是原始的、庞杂的，但经过要素化处理后，数据被提炼、抽象，转化为更具有可读性和可理解性的要素。例如，在商业购物场景中产生的数据要素化可能包括用户购买的商品、购买时间、购买数量等核心要素，而不涉及其他细枝末节的信息。这种要素化的过程将原始数据转化为更为简洁和具有代表性的形式，方便后续的分析和利用。

第二，场景应用的数据要素化提供了数据的结构化和标准化。数据要素化将场景应用中的数据转化为具有统一格式和标准的数据要素，使得不同来源、不同场景的数据可以进行整合和比较。这种标准化的数据要素有助于提高数据的可操作性和互操作性，使得数据更容易被不同系统、平台或应用程序所识别和利用。

第三，场景应用实现数据要素化促进了数据的流通和共享。经过要素化处理的数据更易于被传输、共享和利用。例如，在医疗场景中，患者的基本健康数据经过要素化可以更容易地被不同医疗机构、医生或健康管理平台所共享和使用，有助于提升医疗资源的有效利用和医疗服务的质量。场景应用中数据要素化还推动了数据的分析和应用，要素化后的数据更适合进行各种类型的分析和挖掘。例如，在金融交易场景中，经过要素化处理的交易数据更容易被用于风险评估、趋势预测等分析工作，帮助企业和机构做出更准确的决策。

第四，数据要素化在场景应用中有助于提升数据的价值。通过将数据要素化，数据的精炼和提炼使得数据更具有实用性和价值。这些要素化的数据可以被更广泛地应用于商业决策、科学研究、社会管理等多个领域，为各行各业带来更多的可能性和机遇。

三　数据要素流通类型

数据要素作为数字经济的基础资源，其流通类型多种多样，涉及不同的数据形式、传递方式和应用场景。目前主要包括三类流通类型，一是跨主体数据要素流通，二是跨行业领域数据要素流通，三是跨境数据要素流通。这些类型的流通方式影响着数据的使用、共享和价值实现。[①]

（一）跨主体数据要素流通

跨主体数据要素流通指的是不同实体、组织或系统之间的数据要素交换和共享，实现更广泛的数据利用和价值最大化。

跨主体数据要素流通促进了信息资源的共享与整合。不同主体可能拥有各自的数据资源，这些数据资

① 安顺市人民政府、铜仁市人民政府：《场景大数据白皮书4.0》，2023年5月。

源在孤立状态下可能无法发挥最大效益。通过跨主体数据要素流通，不同主体之间可以共享自身数据的一部分或全部，进而形成更丰富、更全面的数据资源。例如，医疗机构可以共享病例数据，从而促进医疗资源的共享和优化利用。跨主体数据要素流通有助于推动创新和发展。不同实体或组织之间的数据要素流通可以促进知识交流和创新合作。比如，在科研领域，跨国际合作的数据共享有助于推动前沿科学研究和技术创新。这种跨界合作和数据流通有助于整合不同领域的专业知识和资源，推动创新成果的产生和应用。跨主体数据要素流通也有助于提高数据利用的效率和精准度。不同实体之间的数据要素流通可以弥补数据资源的不足，提高数据的覆盖范围和完整性。例如，在金融领域，不同银行之间的客户数据共享有助于更全面地了解客户的金融行为和风险特征，从而提高金融风险管理的效率和准确性。跨主体数据要素流通还涉及数据安全和隐私保护等问题。在数据要素流通的过程中，必须确保数据传输和共享的安全性，避免数据泄露和不当使用。同时，需要考虑数据隐私和合规性，确保数据要素的共享和流通符合法律法规和伦理标准。

（二）跨行业领域数据要素流通

跨行业领域数据要素流通指的是数据要素在不同

行业之间的流动与交换，这不仅能够促进各行业的信息共享，提高生产效率，还能够推动新业态、新模式的创新发展。

跨行业领域数据要素流通能够促进政府、企业和个人之间的数据共享。政府部门通过开放数据资源，可以为企业提供决策支持，促进产业升级和经济发展。企业之间的数据共享则有助于形成产业链上下游的协同效应，提升整个产业链的竞争力。个人数据的合理利用，可以为企业提供更加精准的服务，同时能够保障个人隐私和数据安全。路径与模式的多样化体现在场内交易模式通过交易所等平台进行数据的买卖，保证了数据交易的公开透明和市场化。场外交易为点对点交易，交易更加灵活，可以根据双方的需求和协商结果进行定制化的数据交易。数据开放共享与交换模式强调的是数据的无偿流通，以促进信息的广泛传播和利用。授权使用则侧重于数据所有权和使用权的划分，确保数据流通的同时保护数据所有者的利益。为了实现数据要素跨行业领域的有效流通，需要建立健全数据供应体系，包括数据的采集、存储、处理和分析等环节，确保数据的质量和安全，还需要建立数据运营平台，通过技术手段实现数据的整合和优化，提供数据服务。打造数据流通的底座是实现跨行业领域数据要素流通的基础，需要构建统一的数据标准和规范，确保数据的互操作性和兼容性，还需要完善相关的法律法规，保障数据流通的合法性和合规性。

（三）跨境数据要素流通

跨境数据要素流通指的是数据要素在不同国家和地区之间的流动与交换，这不仅涉及技术层面的数据传输和处理，还涉及法律、政策、文化等多个层面的问题。在全球化背景下，跨境数据流通已经成为推动世界经济发展的关键因素之一。

跨境数据要素流通能够促进全球资源的优化配置，通过数据的跨国界流动，可以实现信息的快速共享，提高决策的效率和准确性，为全球经济的发展提供动力。然而，这也带来了数据安全和隐私保护的挑战。不同国家对于数据保护有着不同的法律法规，如何在保护个人隐私和促进数据流通之间找到平衡点，是当前国际社会需要共同面对的问题。随着网络空间的发展，网络主权成为国家主权的重要组成部分。跨境数据要素流通还涉及数据主权的问题，各国政府在推动数据跨境流通的同时，也在努力维护自身的网络主权，保障国家安全和社会稳定。因此，如何在尊重各国网络主权的基础上，推动数据的跨境流通，是实现全球数据要素市场培育的关键。由于数据流通涉及多个国家和地区，因此需要国际社会共同努力，建立统一的数据流通规则和标准，以减少跨境数据交换中的摩擦和障碍。这不仅有助于保护数据产生和使用国的利益，也有助于促进数据要素的全球流动。随着大数据、云计算等技术的发展，数据的存储、处理和传输变得更加高效，也带来了数据安全和网络攻击的风险。因此，如何通过技术手段保障数据在跨境流通过程中的安全，也是技术发展必须要解决的问题。

四 数据要素流通路径与模式

数据要素流通的路径与模式是构建数据经济体系的关键环节，其流通路径与模式的多样化，有助于提高数据资源的利用效率，促进数据资产的价值实现。现有的流通路径和模式主要包括场内交易（交易所模式）、场外交易、数据开放共享与交换、授权使用四种。①

（一）场内交易（交易所模式）

场内交易（交易所模式）为数据要素的流通提供

① 安顺市人民政府、铜仁市人民政府：《场景大数据白皮书 4.0》，2023 年 5 月。

了一个标准化、规范化的平台，通过一系列严格的市场规则和监管机制，确保了交易的公平性、透明性和效率性。这种模式有助于促进数据要素市场的健康发展，推动数据资源的优化配置，从而为数字经济的发展提供强有力的支撑。

首先，数据在场内交易中扮演着决定性的信息传递和决策支持作用。市场参与者需要获取市场行情、交易数据、成交量等信息，以做出买卖决策。这些数据不仅是交易的基础，也是交易者进行投资决策的依据。例如，投资者会利用历史数据、盘口数据等来制定交易策略。其次，场内交易发挥着市场监管和风险管理的关键作用。交易所利用数据进行市场监管，确保市场交易的合规性和公平性。通过监控交易数据、异常交易行为等，可以及时发现和防范潜在的风险，维护市场稳定。再次，场内交易提供了高效的交易执行和结算服务。在交易过程中，大量的订单数据需要被高效地处理和匹配。交易所利用数据技术实现了快速的订单匹配和交易执行，确保交易的有效完成和清算与结算的准确、高效。最后，场内交易促进了金融创新和产品发展。通过对大量数据的分析，交易所可以推出更多样化、更符合市场需求的金融产品和交易工具。例如，基于大数据分析的衍生品交易、量化交易等，都是数据驱动下的金融创新。

（二）场外交易

场外交易指的是在交易所以外进行的市场买卖交易，数据要素在这种交易模式中扮演着至关重要的角色。场外交易通常涉及私人协商、柜台交易、场外交易平台等方式，数据在这一模式中发挥着多重作用。

首先，数据在场外交易中扮演着信息传递和交易决策的关键角色。市场参与者需要获取各种市场信息、资产价格、买卖方信息等数据，以便做出交易决策。这些数据为交易者提供了买卖决策的依据，影响它们的交易策略和行为。其次，场外交易中的数据发挥着风险管理和监管的重要作用。虽然场外交易相对场内交易来说更为灵活，但更容易引发风险。因此，有效的数据分析和监控能力对于预防潜在风险至关重要。监管机构也利用数据来监控和规范场外交易市场，确保交易的合规性和公平性。再次，数据在场外交易中支撑着交易的执行和结算服务。交易的进行需要大量数据的支持，例如交易订单的录入、匹配和执行等；也需要数据进行结算和清算，确保交易的有效完成。最后，场外交易中的数据推动了金融产品和服务的创新。通过对大量数据的分析和挖掘，场外交易市场可以推出更多样化、更具创新性的金融产品和交易工具。

（三）数据开放共享与交换

数据开放共享与交换是指将数据资源向外界开放，并与他人分享和交换数据的过程。这种模式促进了数据的广泛应用，对创新、发展和决策制定都具有重要意义。

首先，数据的开放共享与交换鼓励了知识的传播与共享。通过开放共享数据，各个领域的专业人士、研究者和机构可以共享彼此的数据资源和研究成果。这种共享推动了知识的交流与创新，为科学研究、技术发展和学术进步提供了更为广阔的空间。其次，开放共享数据有助于促进合作与协同。不同机构或个人在共享数据的基础上可以展开合作项目，共同解决复杂的问题。这种合作有助于整合不同领域的专业知识和资源，推动创新性解决方案的出现，加速科技和产业的进步。再次，开放共享数据有助于促进经济发展和社会进步。通过数据的开放共享，政府、企业和社会组织可以获取更多、更全面的数据资源，从而更好地分析市场趋势、用户需求等信息。这有助于提高决策的科学性和准确性，推动经济活力和社会进步。最后，数据开放共享与交换面临数据隐私安全问题，数据标准和格式的统一等方面的挑战。因此，在共享数据的过程中，需要注意数据隐私的保护，防止个人敏感信息泄露和不当使用。更要注意的是，不同数据的格式、质量和标准差异可能影响数据共享和交换的有效性和效率。

（四）授权使用

授权使用涉及数据的所有权、使用权和控制权的转移。在授权使用模式下，数据的原始拥有者或控制者允许其他主体在一定条件下使用其数据，但不转移数据的所有权。这种模式在保护数据原始拥有者的利益的同时，促进了数据的有效利用和流通。

在实施授权使用时，通常需要明确授权的范围、条件和期限。例如，数据的使用可能仅限于特定的研究目的、商业活动或服务改进。同时，授权使用需要确保数据的安全和隐私保护，避免数据在流通过程中的泄露和滥用。授权使用可以分为单一授权和多重授权。单一授权是指数据拥有者将数据使用权授予单一主体，而多重授权则允许多个主体在相同或不同的条件下使用数据。无论是单一授权还是多重授权，都需要在授权协议中明确数据使用的目的、方式和范围。

授权使用对数据保护的影响是双向的。一方面，通过授权使用，数据拥有者可以在保护自身权益的前提下，分享数据带来的价值。另一方面，授权使用要求数据使用者严格遵守数据保护的相关规定，不得超越授权范围进行数据的处理和分析。这要求数据使用者具备一定的数据处理能力和法律意识，以确保数据在使用过程中的合法性和合规性。同时，数据在不同主体间流通时，可能会因为格式不统一或标准不一致而造成使用上的困难，因此建立统一的数据格式和交换标准是实现数据流通的前提。数据的元数据信息也应当随着数据一同流通，以便使用者了解数据的来源、质量和适用条件。

五 数据要素跨场景流通

国家数据局局长刘烈宏指出，推动“数据要素 ×”行动，就是要通过推动数据在多场景应用，提高资源配置效率，创造新产业新模式，培育发展新动能，实现对经济发展倍增效应，从而推动数字经济发展进入激活数据要素价值的新阶段。推进数据流通，必须加快建设数据基础设施，建立可信流通体系，利用多方安全计算、区块链等技术，使供给方能够有效管控数据使用目的、方式、流向，实现数据流通“可用不可见”“可控可计量”，保障数据安全，防范泄露风险，实现数据可管可控。[①] 因此，数据要素跨场景流通应考

① 《国家数据局局长刘烈宏一文讲透“数据要素 ×”》，https://www.thepaper.cn/newsDetail_forward_25994512。

虑数据的标准化和规范化、安全保障机制、流通平台与技术支持、合作共建生态系统、隐私保护和伦理准则、培训与普及、持续改进与优化等多方面的建设。

第一，数据的标准化和规范化建设。建立统一的数据格式、元数据标准和交换协议，有助于实现不同场景数据的互通性和一致性，从而提升数据交换的效率和准确性，降低数据交换的成本和复杂性，有助于保障数据安全和隐私。通过建立统一的标准和规范，促进数据在不同场景中的互通与共享，将有助于提高数据的价值和流通效率，推动数字化时代的发展和创新。

第二，安全保障机制建设。此项建设涉及多个方面，在技术层面的安全保障机制是确保数据在流通过程中安全性的基础。加密技术、访问控制和身份验证等技术手段可以确保数据在传输和存储过程中受到保护。例如，对数据进行端到端的加密可以防止未经授权的访问和窃取，而访问控制和身份验证则限制了数据访问的范围，确保只有授权人员能够访问数据。在管理层面，应建立完善的安全策略和管理机制，包括制定数据安全政策、进行定期的风险评估和漏洞扫描、建立监控与审计机制等。这些措施有助于实时监测数据流动情况，及时发现并应对潜在的安全威胁。在政策层面的合规性和法规遵循也是确保数据要素跨场景流通安全的重要因素。各种数据保护法律法规的遵循，对于不同领域的数据流通都提供了指导和要求，需要确保数据在流通过程中符合法律法规的要求。

第三，流通平台与技术支持建设。流通平台是连接不同场景数据交换与共享的关键枢纽。这些平台提供统一的接口和协议，使得不同系统和应用之间能够进行数据交换与共享。例如，数据集成平台、数据仓库和数据交换协议等，为数据要素在跨场景流通中提供了基础设施。技术支持涉及数据传输、存储和处理等方面的技术手段。数据传输的技术支持包括高速网络、安全传输协议、数据压缩和加密等，确保数据在流通过程中的高效传输和安全性。针对数据的存储和管理，技术支持提供了存储优化、数据备份与恢复、元数据管理等功能，确保数据在流通过程中的完整性和可靠性。同时，不同系统间的兼容性、数据格式的差异、安全性和隐私保护等问题，都需要技术和平台提供商进行持续改进和解决。

第四，合作共建生态系统建设。数据要素跨场景流通体系的建立需要各方的合作，建立起相互信任的合作生态系统，推动数据共享和合作创新。这个生态系统建设涉及政府部门、企业组织、学术界和技术提供商等。政府部门需要制定相应的法规和政策，鼓励和规范数据共享，确保数据在不同领域间的安全、合法和高效流通。企业组织在不同领域拥有丰富的数据资源，通过共享数据，可以实现知识和价值的跨界整合，推动创新和合作。学术界提供的研究成果和技术创新为数据要素的跨场景流通提供了更深层次的支持。技术提供商通过提供数据交换平台、数据安全保障和技术支持等服务，促进不同场景间数据要素的有效流通和安全性保障。

第五，隐私保护和伦理准则建设。隐私保护是数据流通体系中的关键问题，个人隐私数据的收集和处理需要严格遵守法律法规，并采取相应的措施来保护数据的安全性和隐私性。例如，通过数据脱敏、加密和匿名化等技术手段，最大限度地保护个人隐私数据。伦理准则在数据流通中起着重要的指导作用。在数据收集和使用过程中，必须遵循伦理原则，尊重数据所有者的权利，包括明确告知数据收集的目的、合法合规地使用数据、避免数据滥用和不当行为等。

第六，培训与普及建设。此部分建设是为了提升数据流通参与者的能力和意识，促进数据跨场景流通的合规性和有效性。针对不同职业领域和技术水平的人群，制定多样化的培训内容和形式，包括课堂培训、在线教育、工作坊和认证考试等，以满足不同人群的需求。培训内容需要覆盖数据流通的法律法规、数据管理流程、隐私保护、安全措施以及最佳实践等方面。

培训内容的设计应当全面系统，能够帮助参与者全面了解数据流通的要求和标准，提高其在数据要素跨场景流通中的操作能力和决策水平。通过研讨会、论坛等方式推广和普及数据流通知识，向更广泛的社会群体传递数据流通的重要性和益处，提高公众对数据流通的认知度和理解，从而促进数据流通的广泛实施和应用。

第七，持续改进与优化建设。数据技术发展日新月异，数据要素跨场景流通就需要持续不断的改进和优化，根据实际应用和需求，不断完善体系，提高流通效率和安全性。建立有效的反馈机制，收集来自用户、参与者和利益相关者的反馈意见和建议，以便及时了解系统存在的问题和需求，为改进和优化提供重要参考。及时采纳新技术、新方法，以提升数据处理效率、数据安全性和数据流通的便捷性，例如，采用新的数据加密技术、改进数据传输协议，以及优化数据存储和处理系统等。不断优化管理和政策，以确保其与时俱进、符合实际需求，并且能够适应不断变化的环境。

第六章　数据合法合规高效有序的流通机制

在流通中行使数权，必须保证数权安全无争议、场景真实无风险。在推动数据要素流通，实现场景大数据的过程中需要保证数据流通合规高效，数据应用得到有效治理。根据“数据二十条”，数据要素流通也必然坚持“两权（使用权、所有权）分离”和“三权分置”的思路，不仅需要结合数据自身特点把数权拆分，还必须根据不同阶段数据要素流通的具体情况制定必要的治理模式。

一　数权、数据与场景“双解耦”

（一）数权解耦

数权解耦[①]就是在数据价值化过程中，根据应用

---

① 解耦是物理学中的一个概念，与耦合相反。耦合是指两个或两个以上的体系或两种运动形式间通过相互作用而彼此影响以至联合起来的现象。解耦就是用数学方法将两种运动分离开来处理问题，常用的解耦方法就是忽略或简化对所研究问题影响较小的一种运动，只分析主要的运动。

场景的不同，把数据的所有权、用益数权（主要是使用权、获益权）和担保物权进行分离。即如“数据二十条”所述，建立数据资源持有权、数据加工使用权、数据产品经营权“三权分置”的数据产权制度框架，让数据能够在脱离所有权约束的条件下，根据“谁使用，谁获益，谁负责”的原则，在保护数据来源者合法权益的前提下让使用权实现合法合规、高效有序流通，并通过合理保护数据处理者对依法依规持有的数据进行自主管控获利的权益。例如，贵州省铜仁市公共数据综合服务平台通过搭建城市数据平台、数据安全流转通道、数据开放门户、数据可信计算环境等作为数据流通底座，实现公共数据“可见”“可管”“可控”“可用”。在这种机制下，贵州省铜仁市公共数据综合服务平台将公共数据的使用权面向数据需求方进行开放，数据权归属提供方，数据需求方在协议范围内对数据拥有使用权，实现了数据使用权的流通。[①]

（二）数据与场景解耦

数据与场景主客体解耦在于将数据和业务场景分离，通过这种方式实现数据权利与数据开放管理的

① 安顺市人民政府、铜仁市人民政府：《场景大数据白皮书 4.0》，2023 年 5 月。

解耦。具体来讲，数据与场景解耦是指通过数据治理平台，按照统计的数据标准规范对不同场景的数据进行汇聚、清洗、加工、脱敏，在经数据主体授权后，将数据从教育文化、公共安全、医疗卫生、机构团体、交通运输、信用服务、安全生产、生活服务、城建住房等不同应用场景中提取出来，融合汇聚至公共数据资源池；然后通过“政府部门授信、数据运营主体授权”的方式将数据使用权授予数据需求方。在这个过程中，数据的需求只是拿到数据的使用权，实现了数据的“可用不可见”原则，保障了数据的安全。

“数据从场景中来，场景由数据产生”是数据与场景解耦的最本质依据。数据与场景本质上存在一种双向关系，数据解耦受到从场景到数据和从数据到场景两个方向的影响。通过数据设计场景，可以解决场景释放不够的问题；通过分析场景，可以得到更符合实践的数据。通过数据与场景的解耦，一方面，可以把一组数据应用于新的场景实现数据的跨场景应用以实现数据价值的增值；另一方面，“数据 + 新的场景”会产生最新的数据，丰富原有数据集，增加数据价值。通过数据与场景解耦而表现出数据与场景之间的双向关系是场景大数据理论的关键。

二 数据采集和流通使用“双授权”

（一）数据采集授权方式

数据采集已经成为当前数字化转型和数字化生产不可或缺的关键环节。对于一般意义上的公开数据，例如不需要登录就可以在线浏览的网页数据，只要遵循国际上通行的 Robots 协议（机器人协议）便可以通过技术手段获得，不需要授权。然而，对于网络空间的私域数据，甚至具体到个体的私有数据，仅凭 Robots 协议这种宽泛无约束的协议无法保证数据持有人的合法权益，必须得到数据主体明确的授权，同时需要公权力为数据主体授权实施监督和保障。

1. 必要授权原则

必要授权原则是数据采集最为重要和基础的原则，也常被称为最少数据使用原则。这一原则的主要着眼点在于，数据采集者在采集数据时必须遵循为实现特定目的所需数据的最小范围的原则。必要授权原则的核心理念是确保数据的最小化使用，从而预防数据滥用和不当处理。在进行数据采集之前，数据采集者必须清晰明确地告知数据主体关于数据类型、采集目的以及数据使用范围的信息。这种明确的信息传递有助于数据主体更好地了解它们的数据将如何被使用，使它们能够做出知情决策。此外，必要授权原则还要求采集者必须获得数据主体清晰和明确的授权，确保它们同意将其数据用于特定目的。进一步来看，必要授权原则的具体要点包括以下几个方面。

（1）数据集最小化

采集者应当仅收集能够达到特定目标所必需的最小数据集，避免过度收集或不相关的信息。这可以通过精心规划和定义数据采集目标来实现。

（2）数据采集通知透明

采集者有责任向数据主体传达采集数据的目的和使用方式。透明的数据采集通知使数据主体能够了解其数据将被如何使用，并为它们提供是否同意的选择权。

（3）授权主动

数据主体应当主动授权其数据的使用，而不是被动地接受数据使用者的数据采集，以确保数据主体对其数据的主动控制权。

（4）授权记录明晰

数据采集者应当保留明晰的授权记录，以证明数据主体的同意和采集的合法性。这些记录有助于在争议情况下明确数据的使用权。

必要授权原则作为数据采集最重要的原则，是确保数据采集过程合法、透明和隐私友好的关键。遵循必要授权原则不仅有助于维护数据主体的隐私和权益，还有助于建立信任和合规性，推动数据的负责任和道德使用。这一原则是数字时代数据管理和隐私保护的基石，应当被广泛采纳和遵循。

2. 区分使用场景的分类分级授权方式

数据采集授权方式的灵活性和差异化可以适应不同的使用场景和数据类型，从而确保数据的安全性、隐私保护和合规性。从数据实际控制的权属层面来看，数据可以分为国家数据（国家各级政府部门控制和管理的数据）、市场数据（网上公开的数据）与企业和个人数据（包括企业正常运行的数据、个人的行为数据和当前互联网平台所记录的数据等）三类。

第一，国家数据。国家数据是由国家各级政府部门控制和管理的数据，通常包括国家日常运行产生的数据、公民/法人在政府的备案信息、国家的地理和交通数据，以及维持国家正常运行的各类公共政策、法律法规等。这些数据涉及公共利益、国家安全，需要特殊的授权和管理机制。第二，市场数据。市场数据是公开可获取的数据，通常由独立研究机构、媒体、互联网上的公开信息等提供。这些数据通常不涉及隐私问题，但仍然需要明确的授权机制，以确保其权利的合规性、数据的准确性和可信度等。第三，企业和个人数据。企业和个人数据包括企业正常运行的数据

（如销售数据、供应链数据）和个人的行为数据（如购物记录、社交媒体活动等）。这些数据涵盖了商业活动和企业/个人隐私，因此需要更加严格的授权和隐私保护。

基于这些数据类别，建立分类分级的授权方式。第一，国家数据授权。对于国家数据，授权流程需要经过政府部门的明确批准和授权。国家数据采集者必须遵循特定的法律法规和政府设定的必要的申请条件，确保数据的安全和合法性。国家数据的使用需要受到公共利益和政策目标的限制。第二，市场数据授权。市场数据的授权相对较为简化，一方面需要遵循Robots协议，另一方面需要根据实际情况保护数据占有者的权益。例如，数据采集者应告知数据主体数据的使用目的和可信度，数据主体也可以随时访问和撤销授权。这种方式确保了数据的透明性和可用性。第三，企业和个人数据授权。对于企业和个人数据，授权过程必须高度严格和透明。数据在被采集前，采集者必须告知数据主体数据的用途和风险，并与之签署详细、平等、合法、合规授权协议。采集之后，采集者需要提供最高级别的数据安全和隐私保护措施，并定期报告数据使用情况。数据主体应具有更大的控制权，以确保其隐私得到保护。

维护这种分类分级授权方式的关键是确保数据采

集者和数据主体都清楚了解其权利和义务。分类分级授权的灵活性有助于平衡数据的合法使用和隐私保护之间的关系，为数据流通提供了坚实的法律和道德基础。这种方式也为数据主体提供了更多的控制和保护，确保他们的数据在被使用时得到妥善处理。

但由于数据具有主权、公权和私权的三重权利属性，数据可能因所处场景不同而表现出不同的分类等级。例如，互联网平台企业因其业务覆盖全国，其数据包含了大量的民众行为信息，当这些数据出境时就不再仅仅是企业的运行数据，而是国家数据。

（二）数据要素合法合规流通使用授权方式

促进数据要素合规高效、安全有序流通是构建数据要素市场、更好发挥数据要素价值的必要条件。其中，合规性是数据流通最具争议的核心问题之一。合规的数据流通产生的价值是正向的，有助于促进数据流通、提高数据应用效率和降低流通成本，但不合规的数据流通往往处于法律灰色地带，难免引发隐私泄露、机密泄露等风险，其产生的负向价值大于数据本身的正向价值。针对该问题，贵州省安顺市提出采用数据流通“双授权”的方式解决数据流通的合规性。[①]

① 安顺市人民政府、铜仁市人民政府：《场景大数据白皮书4.0》，2023年5月。

1. “双授权”原则

(1) 一场景一授权

一场景一授权是数据流通和使用中的关键原则之一，旨在确保数据的合法性、安全性和隐私保护。根据这一原则，每次数据在特定的流通场景或情境中使用时，都必须经过明确的授权，授权其使用的目的、边界、范围和程度。这意味着，无论数据用于何种目的或在何种场合下，都必须获得数据主体（数据的拥有者或相关利益方）的明确授权。这个原则的目标是确保数据在任何情况下都不会被滥用或被未经授权的方式访问。

在数据使用授权环节，数据运营方实现一场景一授权应具备以下条件。一是具有明确的场景目录。数据运营方应详细列出场景目录，将数据使用场景划分为批发零售、交通运输、金融保险、文旅、医疗卫生等领域，并对每个场景的具体含义、使用范围进行规定。二是依据场景制定授权方式。针对不同场景授权时，制定不同的访问控制策略，如设置基于角色、属性、规则、分级、列表等的访问控制并根据场景特性设置时间和地点限制。三是执行授权操作。对符合场景规范的数据使用申请，数据供给方通过数据体加密空间审核通过后，数据运营方通过授权平台执行授权操作。对同时涉及两个及以上使用场景的数据申请，应当驳回并给出相应的理由，按照一场景一授权的原则重新提交数据使用申请。

例如，一个医疗机构需要使用患者的医疗记录来进行研究。按照一场景一授权的原则，医疗机构必须首先获得患者的明确授权，说明数据将用于什么研究、如何处理以及在何种情境下使用。如果同一份数据需要用于另一个不同的研究项目，医疗机构则需要再次获得患者的明确授权。这种方式确保了每次数据使用都是合法的，而且数据主体在授权过程中能够清晰地了解其数据的用途和去向。

（2）一使用一授权

一使用一授权原则进一步加强了数据授权的安全性，防止数据在数据主体未知情的情况下被滥用。根据这一原则，不仅在特定场景下需要授权，而且在每次具体的数据使用时都必须获得数据主体的授权。即数据已经在特定场景下获得了授权，但每次具体的数据操作、分析或应用仍然需再次经过数据主体的明确同意。这种授权要求确保了数据主体对其数据的实时控制和监管，以及数据使用的合规性。

例如，贵州“安心干”平台通过调用安顺本地有工作需求的人群的个人信息与招工企业进行匹配，从而帮助其在全国各地寻找工作。遵循一场景一授权和一使用一授权原则，采用“政府监督授权＋数据主体授权”的双授权模式。通过安顺城市数据流通底座将数据使用权授予“安心干”平台，实现特定使用场景下的数据使用权流通。“安心干”平台则根据自己实际的业务需求，每次使用数据前都向安顺市相关部门发送数据使用请求（如图6－1所示）。这种实时授权机制保证了数据主体对其数据的实时控制，使它们能够随时撤销授权或更改数据使用的方式。

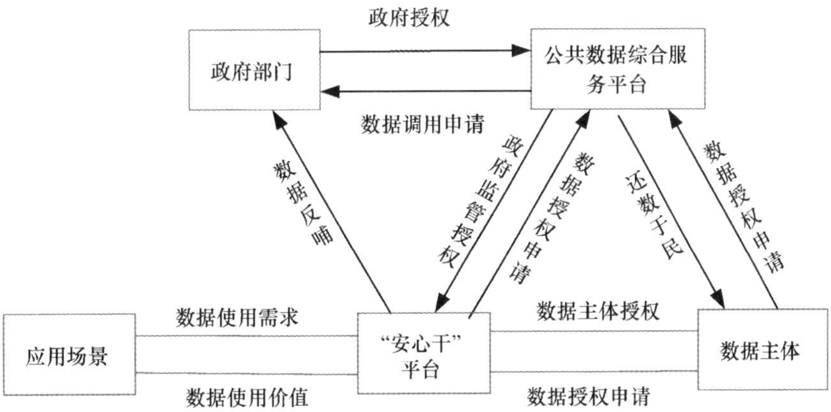

图6－1　“安心干”平台数据流流通循环路径

资料来源：安顺市人民政府、铜仁市人民政府：《场景大数据白皮书4.0》，2023年5月。

这两个原则是数据流通和使用的核心，保障了数据主体的隐私权和数据安全，同时有助于保证数据使用的合法性和合规性。这两个原则通常在隐私政策、数据使用协议或法律法规中得以明确体现和遵循，为数据管理和隐私保护提供了坚实的基础。

2. **明晰和规范数据授权链条**

(1)“双授权”模式

数据的“双授权”是指数据采集和数据流通使用不仅要获得数据运营部门的授权，还必须获得政府相关部门的授权。“双授权”模式本质上是一方面要充分尊重数据主体的权益，另一方面必须保证数据的安全。具体来讲，“双授权”模式即“政府监督授权 + 数据主体授权”，是一种在可信区块链技术支撑下，旨在明晰和规范数据授权链条的重要机制，核心思想是通过政府监督和数据主体的双重主体授权，即在保证数据主体同意、没有权益纠纷的前提下确保数据的安全、合规和透明流通，从而维护数据的隐私权和合法权益。例如安顺市数据合法流通公共基础设施总体框架，如图 6－2 所示。

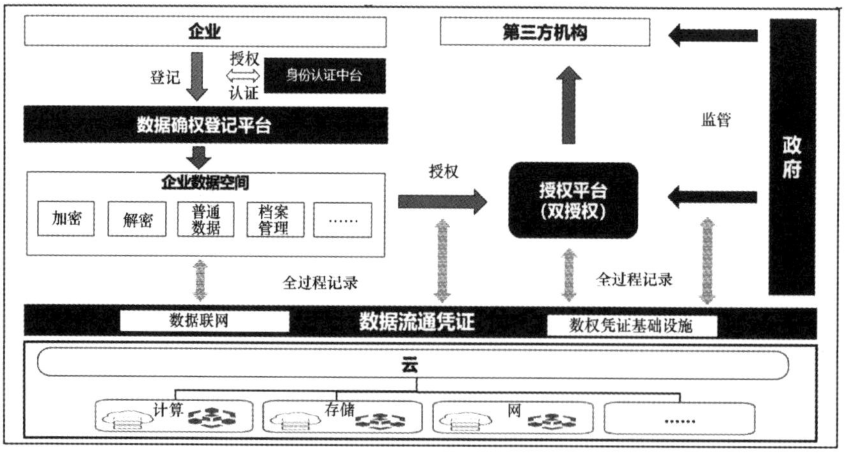

图 6－2 安顺市数据合法流通公共基础设施总体框架

资料来源：安顺市大数据发展管理局内部资料。

①政府监督授权

任何产生于一个国家境内的数据，在一定意义上都可能具备国家主权的特征。因此，数据的政府监督授权不可避免。政府监督授权是指任何可能涉及公共利益、公共安全的数据被投入使用前必须经过政府监督授权，这是数据被投入使用的先决条件。政府监督授权是政府将公共数据使用权授予数据运营方（一般为地方国有平台企业）进行开发利用。同时，政府通过区块链超级节点实现对数据使用全过程的随时查证，使数据运营方的数据开发利用行为受到政府监管，真正做到授权即监管。

第一，建立监管机构。为了实施政府监督授权，需要设立专门的数据监管机构或扩展现有监管机构的职能。这个机构的任务是监督和管理数据的流通，确保数据的安全性和合规性。第二，审查数据流通。政府监管机构应审查所有涉及敏感数据流通的申请，包括对数据使用的目的、数据接收方以及数据保护措施的审查。第三，制定数据流通规范。政府可以制定数据流通的规范和标准，明确数据的使用条件、安全标准和法律义务。这有助于明确数据流通的要求，降低数据滥用的风险。第四，数据审查透明化。政府应确保数据审查过程的透明度，使数据主体和相关方能够了解审查的进展和结果。透明的审查过程有助于建立信任，提高数据流通的合法性。

②数据主体授权

数据是对行为主体的记录，行为主体自然而然拥有数据一定的所有权，甚至很多时候多维的数据可以直接识别或提炼数据主体的个人信息。因此，数据在被使用/流通之前获得数据主体的授权是必要的。首先，按照“还数于民”的理念，数据运营方将数据资源库中涉及数据主体的数据，交由数据主体自主管理。其次，数据主体通过授权平台面向场景进行授权使用。

第一，自主授权。数据主体应该具有自主授权、自主数据管理权和数据使用授权权限的权利，即它们可以自主决定并明确授权哪些实体可以访问和使用其数据，这种自主授权机制确保数据主体对其数据有更大的控制权。第二，明晰授权范围。数据主体授权时，应明晰规定授权的范围和期限，即明确哪些数据可以在哪些时段访问，哪些数据或哪个时段不可以访问，坚持数据集最小化原则。这有助于防止未经授权的数据滥用和确保数据的合法使用。第三，授权撤销权。数据主体还应该具有撤销授权的权利，以便在需要时随时取消对数据的访问权限。这种权利可以增强数据主体的数据控制权。除此之外，数据主体应该通过其加密空间对自身数据进行自主管理。如新增、删除、更改、共享等操作，以及查看加密空间内的数据操作记录，以保证数据安全。

（2）数据授权逻辑

数据的“双授权”模式通过政府监管和数据主体的自主授权，明晰和规范数据授权链条，确保数据的合规高效流通。这有助于建立一个安全可靠的数据生态系统，促进数字经济的发展和数据的合法使用。“双授权”模式同时也为数据主体提供了更多的控制权，使它们能够更好地保护自己的数据。

授权是支撑实现数据流通底座有效运作的关键环节，只有在明确的权限框架下进行授权，才能更好地促进数据合法、有序流通。数据授权主要涉及授权流程、参与角色、底层技术平台三大重要因素（如图6－3所示），其中，数据申请使用流程主要包括

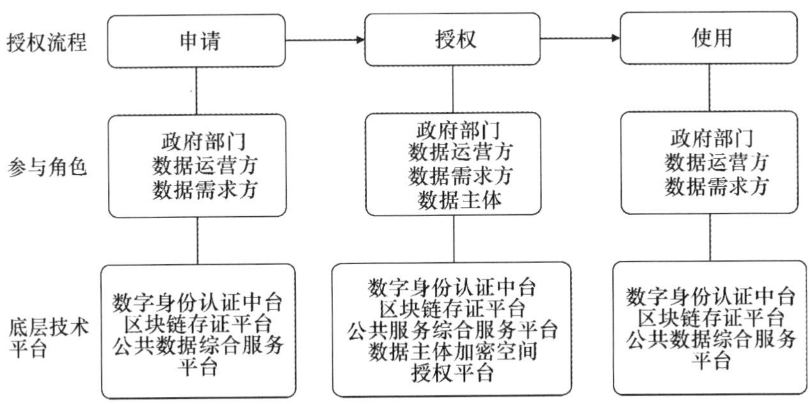

图6－3　数据授权逻辑

资料来源：安顺市人民政府、铜仁市人民政府：《场景大数据白皮书4.0》，2023年5月。

申请、授权、使用三个环节。参与角色包括数据运营方、数据需求方、数据主体、政府部门等。底层技术平台包括数字身份认证中台、数据主体加密空间、授权平台、区块链存证平台、公共数据综合服务平台等。

从数据授权流程各环节演变视角，剖析授权流程、参与角色、底层技术平台三大重要因素的内在联系，解析数据授权的全过程。在数据申请环节，按照“一场景一申请”“一需求一审核”原则对数据需求方的使用申请进行审核。当数据需求方向数据运营方提交数据使用申请后，数据运营方通过数字身份认证中台对申请者身份和数据使用说明进行审核，审核通过的申请将进入授权环节。在数据授权环节按照“一场景一授权”原则，“双授权”模式进行授权操作，与满足授权规定的申请者签订数据使用协议，并发放授权凭证，凭证内容包括凭证编号、凭证有效期、场景使用规范、数据保密协议、数据授权方基本信息等。在数据使用环节，按照“一场景一协议”“一凭证一开发”原则采用“可用不可见”的方式进行数据开发利用，生成所需要的数据产品。数据运营方对数据产品合规性进行审查后，允许使用者对数据产品进行输出操作，并将上述环节涉及的记录保存在存证平台上，以保证数据流通可追溯。

“双授权”模式通过政府监管和数据主体授权明确

规定了数据授权链条。政府审查确保了数据流通的合法性和安全性，而数据主体授权则明确了数据的来源和去向。这种明晰的数据授权链条有助于保证可追溯性，当数据流通问题出现时，可以追踪到责任方。这降低了滥用数据的风险，提高了数据流通的透明度和合法性。

三 基于场景和授权的数据合规流通“双保障”

“一场景一授权”原则、“一使用一授权”原则和“双授权”方式为数据要素的安全流通提供了保障。为了进一步规范和促进数据的安全流通，需要建立基于场景和授权的数据合规流通“双保障”，包括制度保障和技术保障。

（一）制度保障

建立基于“一场景一授权”原则、“一使用一授权”原则和“双授权”方式的数据流通的制度保障是确保数据的安全、合规和有效流通的关键，具体可从以下几个角度切入。第一，制定综合的数据流通法律框架。制定适用于不同数据类型和应用场景的法律法规，明确数据流通的法律依据和规范。法律框架应充分考虑隐私保护、数据安全、数据许可和数据使用条件等方面的要求。第二，设立数据流通监管机构。设立专门的监管机构或扩展现有机构的职能，负责监督和管理数据的流通。为监管机构提供足够的资源和权力，以便有效执行其职责。第三，制定数据流通规范。制定详细的数据流通规范，包括数据使用条件、数据传输安全标准、数据共享协议等。考虑到不同行业和场景的特点，应定制不同的规范，以确保数据流通合规性。第四，建立数据审查机制。建立数据审查机制，对数据的流通进行审查和批准，确保数据流通的合法性和合规性。审查程序应该透明和高效，以便及时处理数据流通请求。第五，强化数据保护和隐私保护。确保数据在流通过程中得到充分的保护，包括数据加密、访问控制和脱敏等安全措施。建立隐私保护政策，明确数据使用的目的、范围和期限，以及数据主体的权利。第六，提供数据滥用投诉机制。设立投诉渠道，允许数据主体和相关方报告数据滥用或违规行为。对投诉进行及时调查和处理，采取必要的纠正措施。第七，加强国际合作。与国际组织合作，制定跨境数据流通的标准和协议。参与国际数据流通的互认机制，以促进国际数据流通的合规性和安全性。第八，定期评估和优化制度。定期评估数据流通制度的有效性和适用性，根据新的技术和市场发展进行更新和改进。听取各方利益相关者的反馈和建议，不断优化制度。

（二）技术保障

技术保障是数据要素安全流通的根本保证，是数据安全流通机制实现的最重要凭借。技术保障一般涉及如下技术。第一，依托公权力的授权平台。为了确保数据的合法流通和使用，可以建立依托公权力的授权平台。这种平台可以由政府或相关监管机构管理，负责验证数据的来源和流通路径，确保数据的合法性和安全性。授权平台可以采用区块链技术等分布式账本技术，确保数据的不可篡改性和透明性。第二，区块链技术。区块链技术可以创建一个去中心化的、不可篡改的数据记录，确保数据的完整性和可追溯性。通过建立基于区块链的授权平台，可以实现数据的安全授权和流通。政府或监管机构可以作为区块链网络的节点，监督数据的流通过程，确保数据的合法性。第三，存证平台。存证平台是一种用于记录和存储数据操作的技术手段。它可以记录数据的访问、修改和传输历史，以便追踪数据的使用情况。存证平台可以通过时间戳、数字签名等技术来保证数据的完整性和真实性。在数据流通过程中，存证平台可以作为监督和验证的工具，确保数据的合法使用和防止滥用。第四，数字身份认证。数字身份认证是一种通过数字方式验证个体身份的技术手段。它可以确保数据的使用者是经过验证的合法用户，从而降低数据被滥用的风险。数字身份认证可以采用多种技术，包括生物识别、智能卡、数字证书等。这些技术可以用于确认数据的使用者的身份，以及对其访问数据的权限进行精确控制。

建立基于场景和授权的数据流通保障需要综合考虑法律、监管、技术和政策等多个方面的因素。制度保障的建立将有助于保证数据的合法合规性，同时保护数据主体的权益，促进数字经济的可持续发展。这需要政府、企业和社会各界的紧密合作和共同努力，以实现数据的合法、合规、高效有序的流通。

第七章　场景大数据贵州应用实践与典型案例

党中央、国务院一直关心支持贵州大数据产业发展。2021 年习近平总书记亲临贵州视察，鼓励贵州要在实施数字经济战略上抢新机。贵州牢记嘱托、感恩奋进，把发展数字经济作为推动贵州高质量发展的重要引擎。大数据产业在多彩贵州风起云涌，已成为世界认识贵州的一张亮丽名片。近年来，贵州省以“东数西算”、数据中心建设等为牵引，积极推进公共数据授权开发利用、推动数据交易流通、鼓励企业开展数据资产化运营，激发数据市场活力。安顺市、铜仁市率先提出并实践场景大数据理论，聚焦数据要素，开展数据在不同场景中流通规律和内在联系的研究，建设城市数据流通底座，初步形成了在“云算数网”的基础设施，以“数权流”为核心的支撑城市数据流通新型公共数字基础设施，为畅通数据资源大循环提供了贵州样本和方案。

一 场景大数据贵州实践探索历程

2013 年以来，贵州深入推进大数据战略行动，通过建设首个国家大数据综合试验区，大数据产业从无到有，数字经济发展风生水起、攀高向新，数字经济增速连续 8 年位居全国第一，以一域之实践彰显了数字中国建设的巨大成就。众多的大数据建设成就，体现了贵州充分发挥大数据应用价值的理论与实践探索。在这些探索中，贵州创造了场景大数据理论，通过场景大数据推进数据要素价值化，解决数据价值化过程中遇到的各种问题和挑战。场景大数据理论作为贵州实施大数据战略行动的自主创新成果之一，揭示了数据与场景的内在联系，为构建数据基础制度、培育数据要素市场提供了鲜活的贵州实践，为数字中国建设做出了贵州贡献。贵州对场景大数据的探索是一个逐渐从认识到实践、再从实践到认识的过程，随着对场景大数据理论与实践问题的逐渐深入，场景大数据理论与实践不断得到发展，概括起来主要分为三个阶段。

（一）萌芽探索阶段（2013—2019 年）

在没有可借鉴范本的情况下，贵州依托自然环境和能源资源先天优势，抢先站上大数据发展风口，探索出一条经济和生态双赢的绿色崛起之路。场景大数据理论与实践随着贵州大数据、数字经济发展应运而生。

1. 大数据从概念到产业新业态

2013 年 10—12 月，中国电信、中国移动、中国联通分别与贵州省政府签约，三大通信运营商大数据中心落户贵州，标志着贵州大数据战略拉开了帷幕。一是奠定大数据发展基础。2014 年，贵州把大数据作为产业创新、转型升级的战略选择，这一年被誉为贵州的“大数据元年”。贵州出台了《关于加快大数据产业发展应用若干政策的意见》《贵州省大数据产业发展应用规划纲要（2014—2020 年）》，将大数据产业作为全省经济发展新引擎；出台了《贵州省信息基础设施条例》，加大大数据发展法律保障。二是敢为人先推动大数据交易。2015 年 1 月 30 日，贵阳大数据交易所正式更名成立，为大数据交易提供了一个公平、可靠、诚信的数据交易环境，这是中国第一家大数据交易所。随着国家大数据（贵州）综合试验区于 2016 年 2 月获批建设，贵州进一步从数据资源管理与共享开放等七个方面开展系统性试验。三是全国首部大数据地方法规诞生。贵州省十二届人大常委会第二十次会议第三次全体会议于 2016 年 1 月 15 日通过了《贵州省大数据发展应用促进条例》，标志着全国首部大数据地方法规在贵州诞生。四是探索块数据落地应用构建应用场景。很多区块链企业、机构掌握着很好的技术，但缺少好的应用场景，区块链不仅运用在金融领域，而且在很多方面也有应用前景。贵州开始了区块链发展和应用探索。2016 年 12 月，《贵阳区块链发展和应用》白皮书发布。贵州提出了用区块链对扶贫资金使用进行精准监管的场景，围绕帮扶谁实现精准识别，围绕怎么扶实现科学帮扶，围绕如何监管实现全流程、全周期帮扶监管。五是出台首部数字经济发展规划及数据开放共享条例。2017 年 2 月，《贵州省数字经济发展规划（2017—2020 年）》发布，贵州成为全国首个发布省级数字经济发展专项规划的省份。2017 年4 月，《贵阳市政府数据共享开放条例》发布，这是中国首部由政府制定的数据共享开放地方性法规。贵州深耕数字经济，培育了货车帮、数据宝、朗玛集团等大数据应用新业态企业，与阿里巴巴共同推动大数据在农业、旅游、教育等领域的应用。

2. 推动大数据与实体经济深度融合

从 2018 年开始，贵州深入推进大数据战略行动，深知要推进大数据与实体经济深度融合，不断丰富大数据的应用场景，让大数据在经济社会发展中发挥更大的价值。一是深入实施“大数据 +”行动计划，丰富应用场景。2018 年 2 月，贵州省政府印发《贵州省实施“万企融合”大行动 打好“数字经济”攻坚战方案》提出，推动大数据与经济深度融合，不断培育壮大新业态，促进实体经济向数字化、网络化、智能化转型，由投资驱动、资源驱动向数据驱动、知识驱动转变，推动经济发展质量变革、效率变革、动力变革。2019 年，贵州涌现出一批“一网通办”、民政厅社会救助主题数据库、救助对象精准画像全国领先的民生服务应用。二是实施“四个强化”和“四个融合”，坚定不移推进大数据战略行动。强化对现有大数据企业的支持力度，强化对大数据企业的招商力度，强化对与大数据融合的高科技企业的招商力度，强化对大数据等高科技领域人才的引进力度；加快大数据与实体经济的融合，加快大数据与乡村振兴的融合，加快大数据与服务民生的融合，加快大数据与社会治理的融合，有力壮大大数据产业发展实力。贵州着力以数起步、以算乘势，始终坚持以场景为牵引、以数据为驱动，打造各种不同的政用、民用、商用场景，推出了一批深受好评的典型应用，数据价值有效释放，助力政府治理更科学，人民群众数据获得感更强。数据从应用中来，应用产生新的数据。在深入推进大数据战略行动中，贵州逐步探索数据和场景之间的关系，对其有了新的认识。

（二）概念正式提出阶段（2020—2021年）

贵州大数据战略向纵深推进，大数据与实体经济深度融合，以安顺市、铜仁市和贵阳市为代表的各市州地方政府先行先试，积极探索数据在各种应用场景的合法合规使用，让数据的价值得到较好发挥。贵州在实践过程中逐步认识到，数据与场景之间存在高度关联，数据因场景而生，数据价值释放需要依托特定场景，场景迭代升级依赖于数字消费等特定场景，由此形成了关于场景大数据的基本理念和研究方法。《场景大数据白皮书1.0》和《场景大数据白皮书2.0》的发布标志着场景大数据概念实现了从无到有的跨越，体现了对场景与数据之间关系认识的深刻改变。

1. **认识和提出场景大数据概念**

2020年7月29日，铜仁市人民政府发布《场景大数据白皮书1.0》，成为贵州从场景视角认识、研究大数据和创新实践大数据理论的重要起点。

（1）率先提出场景大数据概念。场景大数据，是指在应用场景迭代升级驱动下持续汇聚更新的数据集，是数据要素在应用场景中通过与技术等要素的深度融合实现全生命周期治理，从而推动数据资产化、要素化，赋能应用场景，衍生形成一系列新业态、新模式、新产品的数字经济发展新形态。目前“场景大数据”

已经被列入全国科学技术名词审定委员会首批发布的108个大数据新名词中。

（2）初步揭示场景大数据特性。场景大数据具有六个重要特性：以场景驱动数据应用，通过应用充分释放数据资源价值；数据是特殊的生产要素；数据与场景高度关联；数权的特殊性，即“一数多权”；数字消费是推动数字经济发展的内生动力；场景大数据的内在联系是数据主体。

（3）拓展场景大数据理论和实践空间。白皮书内容涵盖场景大数据的缘起、实践、发展、案例、展望五个方面，通过总结铜仁市“应用驱动、融创发展”路径，分析场景大数据缘起、实践、发展、案例和应用前景，把场景大数据从简单概念提升到理论创新和实践创新的更高层次，推动了贵州大数据战略的深入实施。

2. 场景大数据理论指导实践创新

2021年中国国际大数据产业博览会场景大数据高端对话上，铜仁市人民政府和安顺市人民政府联合发布《场景大数据白皮书2.0》，以城市场景数据应用为主，描绘了数据要素驱动的新型智慧城市发展蓝图，探析了场景大数据的价值再造过程，揭示了构建数据供应链和数据价值链的内在逻辑和实现路径，展示了场景大数据理论指导城市大数据战略实践创新的有效路径，为城市数据要素市场培育提供了重要参考与借鉴。

（1）场景大数据的核心是实现数据要素的价值再造。数据作为一种特殊的生产要素，其价值的实现体现为在不断的流通中扩展数据应用的空间和范围，切实满足不同主体的需求，但在传统智慧城市的建设发展过程中，数据要素并未被有效激活。基于此，贵州省以铜仁市作为试点城市，聚焦数据要素驱动的新型智慧城市建设应用，进一步深化理论研究与实践探索，创新城市数据运营“1+1+N”模式，挖掘场景数据与城市发展之间的关联性，推动公共数据与社会数据在特定场景下有效融合，通过数据运营建立数据供应链和利益联结链，实现数据要素价值释放，激活数据要素流动性，培育数据要素市场，探索建设数据要素驱动的新型智慧城市，实现场景大数据的价值再造。

（2）建立场景大数据的城市数据运营“1+1+N”模式。围绕激活数据要素，贵州省以铜仁市作为首批智慧城市试点和公共数据资源开发利用试点，依托贵州省“一云一网一平台”，形成了以场景大数据理论为指导的城市数据运营“1+1+N”模式。第一个“1”即推动数据资产化，以行业数字化和行业数据治理构建数据治理体系；第二个“1”即推动数据要素化，以数据主体自主管理云平台、城市公共数据综合服务平台、城市数据治理平台构建数据运营体系；“N”即实现数据价值化，聚焦产业数字化、数字产业化和数字化治理，推动数字经济、数字社会、数字政府建设，构建百花齐放的场景应用与数字生态，如图7－1所示。

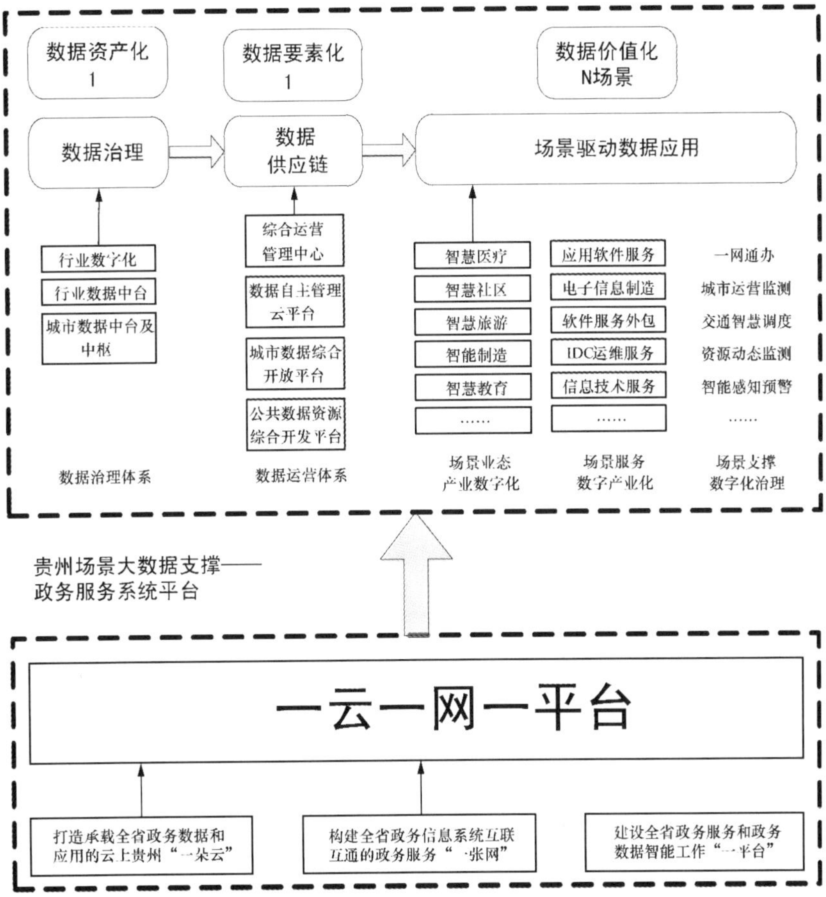

图7－1　城市数据运营“1＋1＋N”模式核心架构

资料来源：根据安顺市大数据发展管理局提供的资料综合绘制。

城市数据运营“1＋1＋N”模式有效激活了数据要素和数据价值。该模式推动数据要素价值释放，其架构主要包括资源整合、数据运营及场景应用三个层次，如图 7－1 所示。一是资源整合层。依托掌握城市资源的平台企业进行搭建，充分整合资源、数据和资金等方面的能力，调动社会资源广泛参与，形成统一的城市运营资源池。二是数据运营层。由本地专业的平台公司牵头或联合第三方专业技术团队，以数据主体自主管理云平台等为底层技术支撑，通过运营相关数字基础设施，为场景应用层提供标准化、场景化的数据服务。三是场景应用层。由具有行业优势的专业团队按照“五个一工程”的要求①，推动各行业领域场景应用。通过城市数据运营“1＋1＋N”模式，将公共数据授权开放给社会，推动数据融入具体场景，参与生产、消费各环节，助力信息消费提档升级，实现了数据在特定场景下的自循环。

（3）深化对数据要素认识。在场景视角下，对数据要素分别从两个方面来认识。①场景视角下的数据特征。场景视角下数据与土地、劳动、资本、技术等传统生产要素相比有明显的独特性。主要表现在：一是非排他性。数据要素应用不受主体、时间、空间等

① 五个一工程：来源于《场景大数据白皮书 1.0》中所提到的“1234567”大数据发展路径，即“一条新路、两个坚持、三个不搞、四个统筹、五个一工程、六个驱动、七个抓好”，这里的“五个一工程”是铜仁市 2021 年抓场景大数据的“五大举措”：抓好一项应用、落地一个项目、引入一个团队、培育一家企业、壮大一个产业。

场景约束，可以同时被不同的主体使用，各主体对同一数据的使用互不影响。二是低成本复制性。数据要素的价值在使用过程中得以体现，在使用过程中数据易于复制且复制无损，可通过在同一场景或不同场景中重复使用实现其价值的增值。三是流通性。数据要素是可以通过网络、物理介质等进行快速传输的。四是价值异质性。数据要素的使用价值是通过场景应用显现出来的，在不同场景使用同一数据释放出的数据要素使用价值是不同的。五是价值聚合性。少量数据虽然存在一定的价值，但对于场景需求而言，只有聚合的大数据才具有实用价值。②场景视角下的场景特征。数据与场景高度关联。一是数据的动态性特征。数据具有“一数多权”特性，且在不同场景中的主导权属不同，在流通过程中，数据权属随场景变化而变化。二是非物质性的特质。数权不同于物权，物权通过获得所有权来获得使用权，数权通过获得授权进而获得使用权。

（4）对数据与场景之间内在联系有了充分理解。总体来看，在场景大数据概念提出阶段，安顺市、铜仁市通过城市数据运营实践，初步破解了“数据要素流通标的物不统一”“数据要素跨场景流通条件缺失”两个制约数据要素流通的关键问题，对数据与场景之间的内在联系有了充分理解。一是应用产生了数据价值，因为场景是数字经济的最小生产单元。二是流通放大了数据价值。因为数据价值在单场景中得以实现，在跨场景中得以放大。三是运营共享了数据价值。数据运营的目标是促进数据成为要素后数据价值释放和放大，但其最终目的是建立更加公平的数字秩序和数字文明，以城市数据运营为例，通过运营让城市各方共享城市发展红利。

（三）应用探索和理论体系初步形成阶段（2021年至今）

2021年2月，习近平总书记在贵州考察时对贵州大数据发展给予了充分肯定，要求贵州在实施数字经济战略上抢新机①，要着眼于形成新发展格局，推动大数据和实体经济深度融合，培育壮大战略性新兴产业，加快发展现代产业体系。2022年1月，国务院印发《关于支持贵州在新时代西部大开发上闯新路的意见》，提出了贵州建设“数字经济发展创新区”的战略定位，为贵州大数据战略实施和数字经济发展指明前进方向，提出了更高的目标要求。

在此背景下，贵州省安顺市、铜仁市深入实施大

① 《习近平春节前夕赴贵州看望慰问各族干部群众　向全国各族人民致以美好的新春祝福　祝各族人民幸福吉祥祝伟大祖国繁荣富强》，《人民日报》2021年2月6日第1版。

数据战略行动，推进数字经济发展创新区建设，从数据要素特性出发，结合城市数据运营实践探索，形成了一批理论成果和实践应用，尤其是围绕数据要素流通，先后发布《场景大数据白皮书 3.0》和《场景大数据白皮书 4.0》等，标志着场景大数据从概念提出上升到理论，再通过理论完善来指导实践，对全国数据要素流通探索提供了重要参考与借鉴，为数字经济发展、数据要素市场培育和城市数字化转型等提供了贵州智慧。

1. **聚焦城市数据运营探索数据要素价值释放路径**

基于场景大数据理论，安顺市立足应用场景，运用数据运营思维，研究如何构建数据供应链和价值链，探索智慧城市建设中数据要素价值释放的核心要素，探索和揭示了数据价值释放的有效路径。①

（1）数据是城市进化的重要推动力。随着城市海量数据增加，数据通过四个方面的赋能，使城市发展进入了智能化和智慧化阶段。一是产业革命，实现数字化转型引领产业重构浪潮。二是技术革命，实现数字技术驱动的生产方式变革。三是治理革命，实现数字政府实践下的治理现代化。四是要素革命，实现新

① 安顺市大数据发展管理局、贵州省邮电规划设计院有限公司：《城市数据运营：开启数据要素价值释放的钥匙》，社会科学文献出版社 2021 年版。

时代下的数据要素形态演进。数据通过不断赋能城市中产业、技术、治理、要素的变革，逐渐成为城市进化的重要因素。

（2）应用产生数据价值。数据价值的产生离不开场景和应用，没有场景应用，数据价值就没有释放的环境，甚至会因为盲目的堆集，造成大量的资源消耗。①数字经济的构成。数字经济主要由应用场景和数据要素构成。从应用场景看，应用场景是数字经济的最小生产单元。从数据要素看，数据要素成为数字经济的第一生产要素。②场景应用中的数据价值。数据主要具有自身价值、使用价值、交换价值三种价值。场景应用推动了数据价值产生，场景应用产生了使用价值，场景应用驱动了自身价值和交换价值。③数字消费推动了应用场景的丰富。消费主体大众化推动了应用场景更加普及，边际消费倾向递增性促进应用场景不断叠加，消费需求长尾效应促进了应用场景多元化。

（3）流通放大数据价值。数据在单场景中得以体现，在跨场景中得以放大。与传统商品不同的是，数据不会在流通中损失价值，反而会在流通中实现价值增值。①城市数据流通探索。通过电子政务数据“聚通用”发挥数据在政用中的价值。通过大数据的交易探索，发挥数据在交易中的价值。②数据流通是放大数据价值的有效途径。表现在数据流通促进价值释放，数据流通促进价值放大，数据流通催生数据要素市场等方面。③数据流通的必要条件。数据流通的必要条件在于数据解耦、数据确权、数据定价三个方面。

(4) 运营共享数据价值。为了让数据价值安全可控、合理有序、公平公正地释放，让城市发展和运营有术可依，需要构建城市数据生态体系，且城市数据运营的思维模式应当转变为多方数据主体参与运营。①城市数据运营的本质。一是城市数据运营需要以产业数据化及数据产业化为前提条件。从供给和需求两个角度，主要展现数据要素从0—1、数据价值从1—N的价值放大过程。二是展现了数据运营的内涵。三是数据运营催生了价值共享时代。②城市数据运营体系。建立了城市数据运营体系架构，构建了城市数据运营生态，表现在创新共享的产业生态、科学可行的标准规范、多方参与的监管评测等。

2. 聚焦数据基础制度探索数据要素流通理论

数据是数字经济发展的关键生产要素，也是新型生产要素，只有在流通中才能发挥生产要素的作用。在2022中国国际大数据产业博览会上，安顺市和铜仁市联合发布《场景大数据白皮书3.0》，聚焦数据要素流通标的物内涵与现状、数据要素流通类型、数据要素流通典型实践等问题，率先开展了数据基础制度的探索研究，解释了数据要素流通标的物的本质和数据要素跨场景流通条件，标志着贵州场景大数据理论体系的初步形成。场景大数据理论关于促进数据流通基础制度的探索与“数据二十条”相关内容高度契合，是贵州对大数据理论和数据要素市场建设与数据基础制度建设探索的重要贡献。

（1）数据要素流通标的物的本质及其意义。安顺市和铜仁市城市数据运营实践表明，数据要素流通标的是特定场景下的数据要素使用权。一方面，数据要素在流通过程中应更加关注其在场景应用中的使用价值，而不是数据信息本身；另一方面，数据要素在不同场景下的使用价值不同，在流通过程中必须明确数据应用的场景。基于“数据主体授权+监管授权”双授权模式，有效建立数据要素供应链和利益联结机制。以场景应用为核心驱动数据要素的跨场景流通，有利于解决数据要素流通条件不足、内在驱动不够、安全监管乏力等瓶颈问题，实现了数据要素的价值释放，为贵州探索数据要素流通提供了“地方智慧”。

（2）数据要素跨场景流通条件。数据要素跨场景流通，需要构建数据供应链和利益联结机制，不断巩固数据要素市场培育发展的基础条件，吸引更多市场主体、服务机构参与其中，形成更加安全、可信、合法、公平的数据要素市场生态。实现数据跨场景有序流通需要具备数权解耦、数据授权机制、数据利益分配机制、技术支撑和政府监管等相应条件。培育数据要素市场，需要探索数据产权结构性分置制度，公共数据、企业数据和个人数据分类确权授权机制，建立健全数据要素各参与方合法权益保护制度，健全数据要素收益分配机制，以及完善数据全流程合规与监管规则体系和发挥政府在数据要素收益分配中的引导调节作用等。

3. 聚焦数据流通底座探索数据要素流通实践

从地方发展角度来看，场景大数据不仅是要形成理论，更重要的是能指导地方实践。2023 中国国际大数据产业博览会发布的《场景大数据白皮书 4.0》总结分析了铜仁市、安顺市数据流通创新实践，反映了贵州以场景大数据理论为指导，聚焦数据流通底座，推动场景大数据落地的新思考新探索，提出了场景大数据理论在城市层面落地和指导地方实践的可行路径，是场景大数据认知—概念—理论雏形—理论体系的新跨越。

（1）数据流通底座的本质。根据场景大数据理论，数据流通是数据使用权的流通，而有效凭证是数据有序流通的必要条件。数据流通底座是以有效凭证为核心，具有授权、连接、存证三大核心功能的数权流基础设施，可以高效匹配数据供给与数据使用需求，构筑完整数据流通闭环，是支撑数据要素合法、合规、安全、有序流通的重要保障。

（2）授权是支撑数据流通底座的关键。授权是支撑实现数据流通底座有效运作的关键环节，只有在明确权限框架下进行授权，才能更好地促进数据合法、有序流通。授权的关键，不仅是要建立公平、透明、可信的授权机制，保障各参与方数据权益和利益的合法保护、透明管理与公平分配，还要有相应的技术实现和技术保障，包括云计算和区块链等技术支撑建设的数字身份认证中台、数据主体加密数据空间、授权平台、存证平台、公共数据综合服务平台等。

（3）场景是授权的基本和关键依据。数据授权应用的目的是合法、合规、安全、有序地流通数据要素，“一场景一授权”是授权机制的核心内容，也是其他授权机制的基础。

二 场景大数据贵州省典型案例

场景大数据理论作为贵州实施大数据战略行动的自主创新成果典型代表之一，揭示了数据与场景的内在联系，为构建数据基础制度、培育数据要素市场提供了鲜活的“贵州经验”。以安顺市、铜仁市、贵阳市为代表的市州，围绕普惠金融、企业征信、便捷出行、产业链供应链等领域，建设了一批数据融合应用场景，以场景应用开放为牵引，在金融、医疗、交通、电力、气象、劳务用工、公共资源交易等重点领域开发了一批标准化数据产品，赋能传统产业发展。通过对场景大数据理论与实践的深入探索，为全国数据要素市场培育贡献了地方智慧。

（一）安顺市场景大数据典型案例

安顺市积极加强场景大数据理论与实践研究，坚持“给您一市场景数据，圆您一个科创梦想”的场景大数据发展理念，按照“1558”① 发展思路，以安顺市为样本，开展公共数据授权开发利用体系与能力建设。安顺市依托国有平台公司，以公共数据综合服务平台为基础，开发、运营城市数据流通底座，通过数字身份认证、数据自主管理及授权、数据安全保护、区块链存证、数据监管等功能，支撑实现就业、医疗、教育、交通等行业数据跨场景有序流通。

1. “安心干”平台场景大数据应用

“安心干”平台是安顺市创新打造的人力资源型服务平台，利用大数据赋能，在人力资源的场景大数据

① “1558”即贵州省安顺市第五次党代会提出的“一高地、五个区、五个新安顺、八大工程”的未来五年发展思路。

上大胆探索，实现了求职者和用人单位精确匹配，让找工作更简单、更安心、更放心。平台利用大数据技术，精准匹配求职者与用工需求，打通劳务输出地与用工地的信息通道，对接完成后平台可直接将本地农民工输送到用工地，实现点对点、一站式服务，破解农民工等重点群体的就业难题。

（1）解决农民工就业的主要问题。安顺市地处贵州省中西部，属于喀斯特地貌集中地区，人均耕地面积较少，城镇和企业吸纳就业能力有限，外出务工是农民收入的重要来源。据统计，2022 年安顺市工资性收入占农民人均可支配收入的 40% 以上。[①] 为了解决群众就业中存在的综合素质偏低就业竞争能力弱、信息不对称人岗匹配度不好、组织形式单一就业渠道不宽、维权路径狭窄合法权益保障难、社保覆盖不全务工风险隐患大等问题，安顺市将大数据与农民工就业场景融合，通过打造“安心干”平台，助力农民群众就业增收。

（2）数字平台建设取得显著成效。就业是民生之本，“安心干”平台以农民工劳动力高质量就业为试点场景，基于城市数据流通底座，率先自主探索“政府监管授权 + 数据主体授权”双授权模式，实现公共数据跨场景有序流通的创新实践（如图 7 – 2 所示）。

① 安顺市大数据发展管理局提供资料数据。

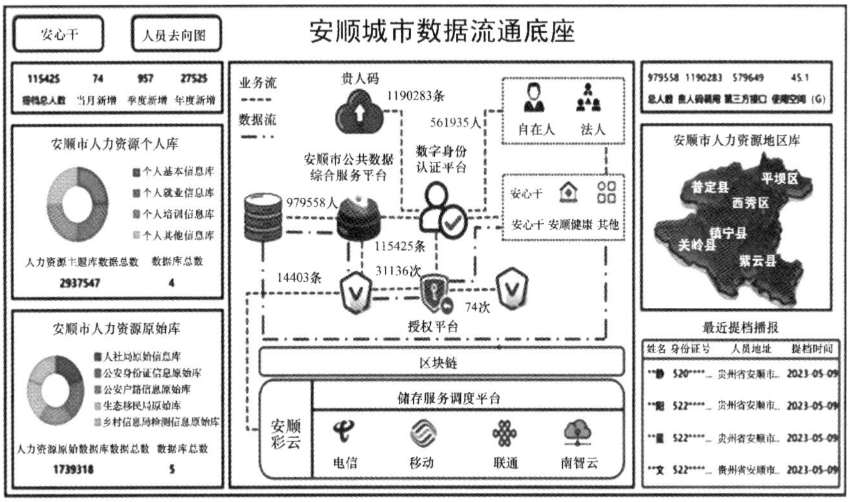

图 7-2 安顺城市数据流通底座（“安心干”平台应用实例）

资料来源：安顺城市数据流通底座可视化截图。

①搭建系统平台。通过安心人力（贵州）数字服务有限公司，深挖“大数据+人力资源”潜力，探索输出地的人力资源服务新模式，打造行业规范，创新打造的“安心干”平台聚焦“市场+行政”，充分运用大数据手段，全方位整合政策资源，率先创新推出“十大贴心服务”和“三大价值提升”体系，以第三代社保卡回流群众务工收入，密切链接农民工、用工企业、银行和政府“四大维度”，集成释放良好经济社会效益，促进农民增收、金融增资和权益保障。“安心干”平台以云资源、算力等为基础支撑，以个人数据授权为数据基础，囊括政务服务、数据安全、大数据人力资源服务、数据监管等线上功能，共同赋能实

际业务场景，实现“业务数据化、数据业务化”，保障数据的真实性，持续释放数据价值。

②通过场景大数据让求职者更加“安心”。“安心干”平台通过建立场景大数据让求职者“安心”。平台通过与全国部分地区人社部门、园区、大型企业合作，确保岗位信息的真实性，保障求职者权益。针对在外务工遇到的种种难事，平台上线了“一呼百应”功能，实现农民工家中有事、工作有事，一呼百应帮助解决，让在外农民工合法权益得到有效保障，进而实现“安心干”。通过平台推荐工作，如果求职者对工作不满意，还可以与平台沟通，协调更换工作，真正地把服务做细，让求职者满意。“安心干”平台通过应用场景形成数据，数据又赋能应用场景，平台通过对收集的数据进行分析，更加精准地为求职者服务，如开展技能服务、岗位推荐等，助力求职者待遇提升。

③“安心干”平台场景大数据建设取得显著成效。2022年9月，安顺市启动“安心干”平台建设工作，自2022年11月建成运营以来，平台通过城市数据流通底座连接安顺市人力资源数据库，获得合法数据流通服务，平台“十大贴心服务”和“三大价值提升”体系取得显著成效。截至2023年12月，安顺市人力资源数据主题库，实现“一数一源”；平台注册用户数达79.30万人，服务就业人数达28.83万人次，直

接通过平台就业超过 7700 人，有组织输出人次数 68500 人/次，累计薪资发放总额 6354 万元。[①]

2. **安顺市城市医疗数据运营支撑平台**

安顺市坚持走场景大数据新路，有序推进公共数据资源授权开发利用，实现数据跨场景流通。依托城市医疗数据运营支撑平台建设，建立公平、高效、激励与规范相结合的数据价值利益联结机制，推动政府、企业、个人等主体积极参与到数据要素市场培育实践各个环节中来，促进数据要素市场培育。

（1）打造可信的公共数据服务平台。安顺市城市医疗数据运营支撑平台以“1”个公共数据资源池、“1”个统一支撑平台、“4”个应用系统的应用和“1”个平台安全监管系统为基础，打造可信的公共数据服务平台，依托可信数字身份和数字化可信凭证等先进的可信数字化技术，构建双向的可信授权认证通道和数据安全流通通道，支撑医疗保险理赔场景的落地。平台涉及安顺市市直和下辖 2 个区、1 个县、3 个自治县的卫健局、医保局等医疗卫生主管部门，公立医院、私立医院、卫生服务中心等医疗机构，保险公司等金融保险机构。安顺市通过统筹全市卫生健康数据资源的整合，建成了一体化的“互联网 + 医疗健康”大数据产业服务平台，贯通全市四级医疗卫生机构与省级

① 数据来源于“安心干”平台。

平台互联互通，进一步提升卫生健康服务标准化和网络化水平，增强卫生健康服务的主动性、精准性、便捷性，让优质的医疗资源惠及基层群众，更好地满足群众对医疗健康的需求。

（2）加强场景应用开发提升数据价值。安顺市整合全市医疗资源，拓展“互联网＋医疗健康”产业项目，加强场景应用的开发，引进医疗健康大数据企业和带动性强的大健康项目落地见效，真正发挥医疗健康大数据的效益。安顺市城市医疗数据运营支撑平台作为第三方服务平台，对全市医疗健康行业数据进行运营，并通过隐私计算、多方计算等方式将数据结果的使用权提供给医疗、保险机构使用，实现了医疗健康行业数据的价值释放，打破了各行业间的“数据壁垒”，全面推进全市医疗健康水平能力的提升，促进健康安顺建设。安顺市注重数据授权机制建立、数据治理体系构建，激活数据活力，提升数据价值。安顺市城市医疗数据运营支撑平台通过政府监管授权和数据主体授权的方式，从医疗健康主管部门、市属医疗机构等数据提供主体获得全市个人医疗健康数据的使用和开发权限，在安全可控的前提下，对全市医疗健康数据进行清洗、加工、治理，形成高价值数据集，实现数据要素资产化，提高医疗行业数据价值。

（3）构建数据供应链与利益分配机制释放城市数

据价值。构建数据供应链与利益分配机制，加速数据要素流通，释放城市数据价值。一是降低数据流通互信成本。安顺市城市医疗数据运营支撑平台依托可信数字身份和数字化可信凭证等先进的可信数字化技术，推进数据主体数据账户管理平台建设和迭代升级，构建双向的可信授权认证通道和数据安全流通通道，进一步降低数据流通互信成本。二是促进数据跨场景流通应用。由个人主体授权将形成的数据集的使用权授权给保险公司等机构，将数据集应用到医疗健康、保险理赔等各类场景中，促进医疗健康数据跨场景流通应用。三是建立应用场景降低运营成本。安顺市城市医疗数据运营支撑平台聚焦医疗保险理赔场景，结合模型计算将数据结果提供给保险公司等机构使用，帮助个人快速获得保险公司医疗理赔，降低了保险公司取证成本，提高了理赔效率，实现了个人医疗健康数据在理赔场景的价值释放。

3. 场景大数据探索的安顺经验借鉴

安顺市聚焦数据权属随场景变化而变化的特性，积极探索数据授权使用新机制。安顺市公共数据资源按照一场景一申请、一需求一审核、一场景一授权、一模型一审定的原则授权开发利用，且只能对授权的场景进行开放使用。遵循一场景一授权原则，安顺市采用“政府监管授权＋数据主体授权”的双授权模式，通过安顺城市数据流通底座将数据使用权授予“安心干”等平台，实现特定场景下的数据使用权流通。

（1）通过场景应用带动实现数据流通大循环。以政务数据和个人数据为基础，以公共数据授权开发利用为带动，通过场景应用推进数据资源向数据要素转化，释放数据价值。通过数据流通循环，实现数据的多次跨场景流通，激发数据价值叠加放大效应。以应用场景为驱动，通过数据使用需求牵引，带动数据使用权流通，形成政府部门→公共数据综合服务平台→数据主体→“安心干”平台→应用场景的数据流通大循环，以用促通、以通促用。

（2）建立数据流通的底层技术支撑。安顺市依托“安顺彩云”平台云服务能力，建设公共数据综合服务平台，连接省级开发利用云平台，利用贵州省数据共享交换平台，推动公共数据资源归集管理。基于“享链”区块链技术，搭建数字身份认证中台，依托“贵人码”，实现数字身份认证实名登录。基于区块链搭建个人加密数据空间，采用分布式存储技术，将数据加密存储在不同的存储节点，进行实时备份，依托可信数字身份和数字化可信凭证等先进的可信数字化技术，推进数据主体数据账户管理平台建设和迭代升级。利用区块链的去中心化、不可篡改和数据加密的特性，建设安全授权平台，通过提供授权功能来控制数据的访问和使用，确保数据合法、合规使用。利用区块链等技术，搭建区块链存证平台，面向政府监管部门提供存证查询、存证下载等服务，为数据要素监管提供技术支撑。通过搭建公共数据综合服务平台、数字身份认证平台、个人加密数据空间、授权平台、区块链平台等底层技术平台，畅通数据流与数权流双通道。

（3）加强数据流通过程中的政府监管。建立数据流通全过程监管机制，依托区块链底层技术，打造集数据传输、数据审核、数据储存、监管审计等多功能于一体的政府监管通道。当“安心干”平台需要在用工供需匹配场景使用特定数据集时，其数据申请、数据授权、数据流通和使用过程中所产生的记录均全过程上链存证，政府通过查看链上的记录，对在用工供需匹配场景下的数据流通进行全流程日志监管。当数据主体发现“安心干”平台将其个人数据应用于授权范围外场景时，可向监管部门进行举报，由监管部门查询并提供数据流通凭证。以监管机制为牵引，以区块链等技术为支撑，实现公共数据流通和使用全过程留痕、可追溯，支撑实现政府有效监管，确保数据使用的合法性、安全性。

（4）完善数据主体授权和监管授权的双授权模式。

安顺市城市医疗数据运营支撑平台汇聚医疗行业数据，通过数据治理，在数据主体授权和监管授权的双授权前提下，将其使用权作为标的物，构建按贡献度进行分配的利益联结机制，构建数据主体到平台与应用主体的供应链，实现了个人等主体医疗健康数据在医疗健康、保险等行业场景中的应用和跨场景流通。安顺市的探索，在明确数据要素流通的是数据要素使用权的同时，完善了数据主体授权和监管授权的双授权模式，构建了数据要素供应链和利益联结机制，高效地推动了数据要素的跨场景流通。

（二）铜仁市场景大数据典型案例

近年来，铜仁市抢抓大数据发展机遇，大力发展大数据产业，打造场景大数据品牌，立足实际走出了一条“应用驱动·融创发展”的场景大数据实践新路。2021 年，铜仁市成功获批贵州省公共数据资源开发利用试点。作为全国首批国家智慧城市试点市、公共数据开发利用试点城市，铜仁市基于贵州省数据共享交换平台，打造公共数据综合服务平台，实现了公共数据、企业数据、个人数据的有序高效流通。“铜仁市公共数据综合服务平台”入选中国信息协会“2022 数字政府创新成果与实践案例”。

1. 铜仁市公共数据综合服务平台

为推动公共数据安全、有序流通，进一步培育数据要素市场，释放数据要素价值，激活数据要素潜能，铜仁市充分利用区块链、大数据、云计算等技术建成了铜仁市公共数据综合服务平台（如图7-3所示），该平台为全市提供数据共享交换服务。

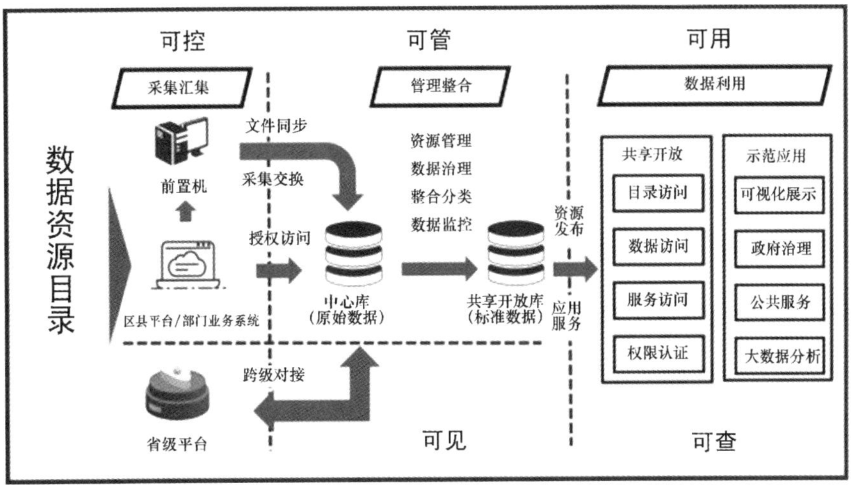

图7-3　铜仁市公共数据综合服务平台建设框架

资料来源：铜仁市大数据发展管理局。

（1）为数据开放以及大数据共享与交换打造系统平台。建设铜仁市公共数据综合服务平台，建立数据流转通道体系，为数据资源池的数据汇聚、政府数据开放门户的数据开放以及大数据共享与交换提供支撑。铜仁市公共数据综合服务平台作为全市数据对外开放的统一“出口”和安全“闸门”，通过创新数据交换共享模式、搭建可信计算环境、建设公共数据资源池，为全市公共数据授权开发利用提供数据共享、业务协同等服务，助力破解数据壁垒、打通“数据孤岛”，促进原始数据“可用不可见”、数据流通“可信可追溯”。

（2）平台建设数据共享交换取得实效。数据共享交换取得实效，综合执法、消防等部门对公安部门相关视频数据实现共享，综合执法部门对住建部门扬尘数据通过接口实现共享，卫健部门已将个人健康信息在脱敏有条件前提下向个人或企业开放。平台上还设立了宣传文化主题专栏，可实现图片、音频、视频等优秀新闻媒体素材的共享开放。2021 年 7 月，铜仁市启动公共数据综合服务平台建设工作；2022 年 4 月，平台建成并上线运行。通过搭建城市数据中台、数据安全流转通道、数据开放门户、数据可信计算环境等，实现公共数据可见、可查、可管、可控、可用，构筑了安全有效的数据供应链，为全市公共数据授权开发利用提供数据共享、业务协同等服务。铜仁市人民政府授权国有平台公司作为全市公共数据开发利用试点单位，依托公共数据综合服务平台，运营公共数据资源池中数据，释放数据商业价值。截至 2023 年 12 月，平台已打通 32 个政务系统，汇聚 57 个部门数据，可共享数据目录突破 3000 个、数据 7920 万条，涵盖教育文化、公共安全、医疗卫生、机构团体、交通运输、信用服务、安全生产、生活服务、城建住房等领域，为全市25个应用场景提供公共数据资源服务，有效支撑了全市数据开放和运营。

2. 场景大数据探索的铜仁经验借鉴

铜仁市以数字政府建设为抓手，着力推进新型智慧城市建设，围绕各行业在政、商、民用方面的堵点、难点、痛点，坚持问题导向、需求导向，积极谋划应用场景，切实提升群众在数字经济发展中的获得感、幸福感。把握公共数据开发利用试点机遇，探索出了基于智慧城市的数据运营模式，通过建设数据开放门户、数据运营平台、数据传输通道，建立数据“双授权”模式、多部门联合评估监管模式以及数据利益分配机制等，推动数据在安全、可控的前提下提供给市场主体使用，为国家探索数据交易提供了铜仁解决方案，让数据资源价值得到有效释放。

（1）实现数据要素与场景解耦。铜仁市通过数据治理平台，按照统一的数据标准规范对不同场景的数据进行汇聚、清洗、加工、脱敏，在经数据主体授权后，将数据从教育文化、公共安全、医疗卫生、机构团体、交通运输、信用服务、安全生产、生活服务、城建住房等不同应用场景中提取出来，经行业数据中台，融合汇聚至公共数据资源池。铜仁市卫生健康部门制定了不同场景数据汇聚的标准和规范，建成了医疗健康数据中台。坚持党管安全和党管数据，行业主管部门、数据资源统一调度部门、数据资源安全监管部门对数据治理全过程进行监管。铜仁市公共数据综合服务平台通过数据治理，实现了数据与业务场景分离，同时实现了数据权利与数据开发能力的解耦，使得数据所有权、控制权、使用权、开发权等数据权利主体分离。

（2）数据流通标的物是使用权。铜仁市按照数据开放条件，将政务数据开放分为无条件开放、有条件开放、契约式开放三类，经政府部门授信、数据主体授权，国有平台公司开展公共数据运营，将公共数据使用权面向数据需求方开放。第一类是无条件开放，按照国家规定，将数据无条件提供给所有公民、法人或者其他组织使用。第二类是有条件开放，就是在明确数据合法使用范围的基础上，将数据提供给数据需求方使用。第三类是契约式开放，在明确数据合法使用范围的基础上，采用“数据可用不可见”的方式，通过公共数据综合服务平台，按需将数据应用后的结果提供给数据需求方使用。铜仁市将公共数据授权开发利用权利授给国有平台公司，在政府监管下开展数据运营试点，数据权属关系不变，数据需求方在协议范围内对数据拥有使用权，实现了数据使用权的流通。图7－4展示了铜仁市公共数据流通逻辑。

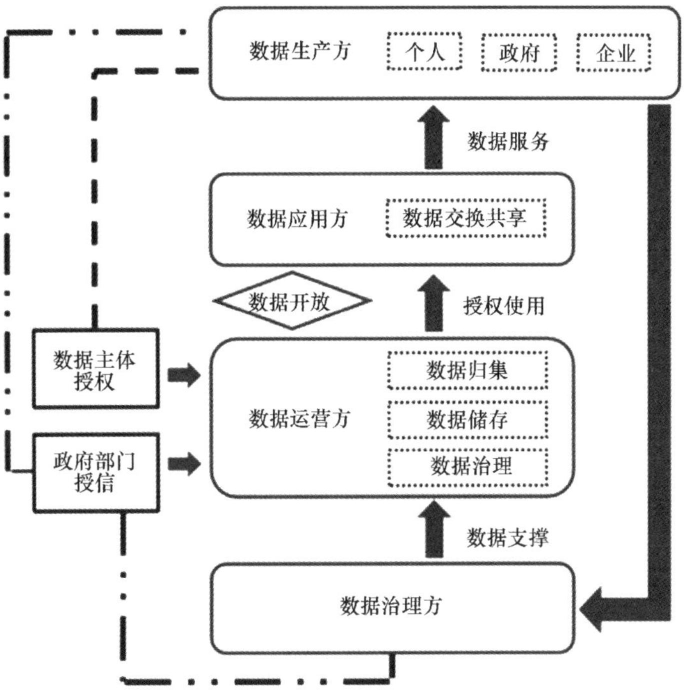

图 7 - 4 铜仁市公共数据流通逻辑

资料来源：铜仁市大数据发展管理局。

（3）不同数据有不同数据授权使用方法。不同的数据在不同场景下的使用方法不一样。铜仁市针对无条件开放、有条件开放、契约式开放三种类型数据，依据不同的规则制度进行开放申请与授权使用（如图 7 - 5所示）。铜仁市委网信办、市公安局、市大数据发展管理局、行业主管部门、法务部门五方安全监管主体，按照“一场景一授权”“一申请一审查”的原则，对数据需求方案进行安全审查，监管数据使用全过程。对无条件开放数据，数据需求方在公共数据综

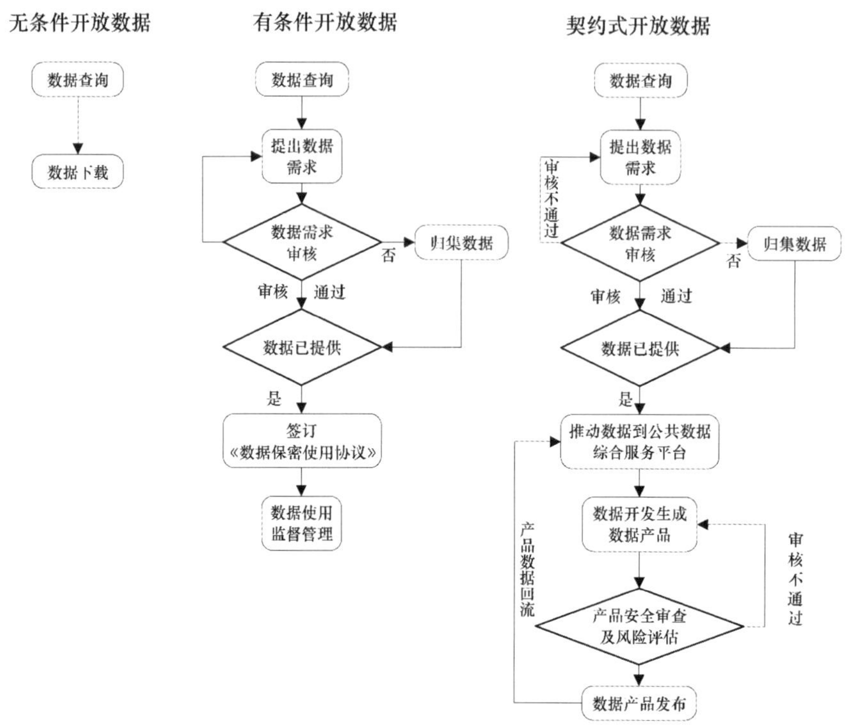

图7－5 铜仁市三种不同类型公共数据授权使用流程

资料来源：铜仁市大数据发展管理局整理。

合服务门户直接下载使用。对有条件开放数据，数据需求方提交数据使用需求申请，审批通过后，签订《数据保密使用协议》，方可获取并使用数据。对于契约式开放数据，数据需求方提交数据使用需求申请，审批同意后，数据资源进入安全计算环境进行开发，生成数据产品，审查通过后，提供给数据需求方，实现“数据可用不可见”。铜仁市率先提出一场景一授权，经数据治理、数据需求审查、数据运营等环节，实现公共数据授权使用。同时，鼓励企业数据、个人数据积极参与，通过公共数据综合服务平台实现数据有效流通，政府通过监管维护公平公正的市场秩序，推动数据快速融入生产、分配、流通、消费和社会服务管理等各环节，充分释放数据价值。

第八章　场景大数据理论的价值分析与应用展望

党的十九届四中全会首次明确了数据要素的经济地位。习近平总书记指出，要“促进数据高效流通使用、赋能实体经济”①，必须“统筹推进数据产权、流通交易、收益分配、安全治理，加快构建数据基础制度体系”②。数据资源是数字经济发展的关键生产要素。离开数据，数字经济发展就是无源之水，无本之木。数据只有流通使用起来，才能释放发挥数据价值。数据的流通使用不仅是数字经济发展的需要，同时也是人工智能时代参与国际科技经济竞争、服务国家发展全局的国之大计。③ 另

---

① 新华网：《习近平主持召开中央全面深化改革委员会第二十六次会议》，http://www.xinhuanet.com/politics/leaders/2022-06/22/c_1128766853.htm。

② 新华网：《习近平主持召开中央全面深化改革委员会第二十六次会议》，http://www.xinhuanet.com/politics/leaders/2022-06/22/c_1128766853.htm。

③ 张蕴萍、翟妙如：《重视数据要素价值释放中的反垄断治理问题》，《光明日报》2023年2月24日第6版。

外，数据流通使用还直接关系到国家安全大局和每一个人的个人权益。数据具有易流动性，不加约束、不加限制的数据随意采集和无序使用最终不仅损害数字经济发展，而且很可能危及国家安全，影响社会大众个人权益，后患无穷。因此，2021 年《中华人民共和国数据安全法》和《中华人民共和国个人信息保护法》实施后，2022 年中央出台“数据二十条”，基本主线和核心目的之一就是推动数据要素合法合规、安全有序流通使用。数据要素流通使用必须统筹发展与安全，场景大数据理论不仅是对大数据理论的创新，而且其在贵州的落地应用实践初步证实，可以为数据合法合规、安全有序流通使用提供可行路径，是加快构建数据基础制度体系的重要探索。

一　创新大数据经济学理论

现有大数据理论主要是侧重从技术和物理层面研究数据规模、复杂度、真实性、时效性、价值密度和多样化等特性。虽然经济学界认识到数据要素对数字经济的重要作用，但对数据和数据要素的研究和理解还远远不够，亟须深化对数据要素化、价值化、市场化等内在经济机理的研究。场景大数据理论认为，数据的内涵包括数据内容和场景应用两部分，即：

$$D = F(C, S)$$

其中 D、C 和 S 分别代表数据（Data）、数据内容（Data Content）和场景（Scene）。数据要素化是数据经过加工应用于场景后，产生并释放数据价值的过程。不同学科对数据有不同理解，根据场景大数据理论，数据内容是数据客体，场景是数据客体的承载，也是数据内容价值产生、释放的载体和前提。在不同场景应用中，数据内容逐步实现由信息向知识和智慧的高阶形态演变，推动数据价值产生。数据不仅能在场景应用中产生价值，更可以在跨场景应用即流通中放大价值。①

在此基础上，场景大数据理论重新解释了“数权”概念和数据要素市场的内涵，分析了数权在数据要素流通和数据要素治理中的作用机制。因此，场景大数据理论不仅仅是提供了一个重新认识数据的场景视角，更重要的是解释了数据价值的生成来源与机理，证明了数据合法有序流通的重要性，说明了强化数据治理的必要性，提供了数据要素合法合规流通和数据治理的新方案。

二　推动落实数据产权结构性分置制度

数据产权具有多重属性，确权难是影响数据交易

① 安顺市大数据发展管理局、贵州省邮电规划设计院有限公司：《城市数据运营：开启数据要素价值释放的钥匙》，社会科学文献出版社 2021 年版。

和流通使用的重要因素。因此，“数据二十条”明确提出要通过分置数据资源持有权、数据加工使用权和数据产品经营权，推动构建数据产权制度框架。场景大数据理论认为，数据内容是数据要素流通的客体，而数据内容与特定场景应用密切相关。场景不同，可能需要不同的数据内容，即使数据内容相同，使用价值也迥然不同。因此，数据要素流通应关注数据要素与特定场景相结合的使用价值，而非数据所有权。相应地，数据确权应该是确定使用权，而不是确定所有权。

在数据所有权不变的前提下，基于数据使用权的数据加工利用，不仅可以衍生加工使用权和数据产品经营权，甚至可以享有在原始数据加工利用基础上产生的数据持有权。所有权不等于持有权，持有权转移不能获得数据所有权。同理，在数据要素流通过程中，可以结合流通环节和不同应用场景界定数据要素相应的权属。在数据权属与数据应用场景之间建立关联，让数据权属在数据流通过程中随场景变化而变化，可以推动数据要素所有权与使用权自然分离，有效克服所有权对数据流通的制约。在此基础上，对数据要素市场标的物进行标准化统一，还可以为建立数据供应链和收益分配机制奠定基础支撑，推动建立有序高效的数据要素流通体系。

三 探索建立数据要素确权授权与供给机制

数据具有主权、公权和私权。即便是在纸面上落实了数据产权，但因为数据流通使用关系重大，牵涉面广，无论是政府还是企业，甚至还包括个人，数据持有者仍有可能面临“不愿开放”和“不敢开放”等难题。[①] 例如，截至2020年年底，中国约50%的省市数据开放平台上线数据集不超过100个，能按季度持续新增或更新数据集的数据开放平台不足10%。[②] 多数地方平台之间相互封闭，普遍存在数据调用难、调用数据容量小的问题，“数据碎片化”和“数据孤岛”现象较为突出，严重影响数据要素流通。

根据场景大数据理论，可以在城市层面落实数据授权机制。授权涵盖数据流通从采集到使用的全生命周期过程，包括根据使用场景需要采集最少的必要数据，根据应用场景和使用需要建立清晰和规范的数据授权链条。同时，在数据解耦基础上，对于一般数据主体，坚持“利益驱动、主体自主”原则，采用“一

---

① 刘烈宏：《激发数据要素潜能 让公共数据“供得出”“流得动”“用得好”》，《证券日报》2023年12月11日第A02版。

② 前瞻产业研究院：《中国行业大数据市场发展前景预测与投资战略规划分析报告》，https://www.esensoft.com/industry-news/dx-20794.html。

场景—授权模式”，由主体根据特定场景的数据价值分配自主决定是否授权其数据采集和使用；对于公共数据，在保证监管的前提下，政府相关部门应该保障非涉密数据全面开放，不区分主体地全面授权使用，对涉密数据则提供脱敏脱密的快捷授权使用方式，从而建立形成“授权主体＋监督授权”的双授权机制。此外，政府相关部门还需要在制度层面和技术层面，如建立流通规范、强化数字身份认证、建立统一的授权平台等，以保证授权机制切实可行。当前政府部门持有管理的公共数据和国有企业持有管理的国有数据占比超过80%。显然，建立数据授权机制保障数据要素合法合规的流通使用，解除数据持有者、使用者和相关参与者的后顾之忧，对促进数据“供得出”“流得动”“用得好”极为重要。

四　探索建立健全多元化数据要素收益分配制度

数据之所以能成为继土地、劳动和资本之后新的关键生产要素，最重要的一个原因是数据参与生产过程，有利于培育发展新业态新模式，提高全要素生产率，为企业和社会创造新的价值。与此同时，孤立的数据并不能创造价值，需要与资本、劳动等要素支持、协同，从数据采集到分析加工再到最后利用的过程中需要不同市场主体的积极参与合作。只有对数据要素创造的价值进行公平合理分配，才能有效激励所有参与主体的积极性[①]，真正推动数据“放出来”“动起来”和“用起来”。例如，即便是对全民共有共享的公共数据，由于部分地区现有实践中存在收支主体错位和未能兼顾收益分配公平等状况，基于授权运营的市场化配置数据仍然难以保障数据无阻碍的流通交易和使用。[②] 根据场景大数据理论，数据要素市场在政府、不同企业和个人等多元主体共同参与的机制下，通过建立数据协商定价机制促进数据要素市场化配置，通过建立按参与贡献分配的多元利益分配机制，探索构建公平与效率相统一的数据要素收益分配制度。

（一）多元参与数据要素市场培育

从参与机制来看，一方面政府持有的公共数据规模大、价值高，需要加快推进公共数据开放共享，推进公共数据开发利用；另一方面，政府对数据要素市场的建设运行和公平竞争负有独特的监管责任。企业按照应用场景需要获得授权采集、加工、汇聚、存储、

① 邢丽：《健全数据要素收益分配制度》，《经济日报》2023 年 5 月 13 日第 5 版。

② 门理想、张瑶瑶、张会平、赵溱：《公共数据授权运营的收益分配体系研究》，《电子政务》2023 年第 11 期。

分析和利用数据。鼓励国有企业和行业领军企业与政府授权支持下建设数据服务平台，促进数据场内交易。无论是政府还是企业，都要保护好个人数据，做好个人数据信息脱敏脱密，打消个人参与数据要素流通应用的顾虑。同时，要围绕场景加强宣传，推动消费者个人重视数据权益，自觉保护个人数据信息，维护数据权益。

（二）确权基础上协商定价

由于数据需求具有异质性，相同的数据在不同场景下创造的价值不同，因而尽管理论上可以参照传统会计方法或基于“信息熵”等对数据进行定价①，但在实践中，数据定价难始终是数据难以进入流通环节成为生产要素的重要原因之一。对于企业数据，通常可以由供需双方直接协商定价，但由于买卖信息不对称，或信息沟通不畅，成交效率并不高。对于公共数据，虽然“数据二十条”提出了政府指导定价的基本原则，但在操作层面仍然面临是政府直接定价还是政府指定指导价，或者由授权企业自主定价，以及如何确定指导价基准的问题。②

---

① 熊巧琴、汤珂：《数据要素的界权、交易和定价研究进展》，《经济学动态》2021 年第 2 期。

② 卢延纯、赵公正、孙静、王晓飞：《公共数据价格形成的理论和方法探索》，《价格理论与实践》2023 年第 9 期。

根据场景大数据理论，基于数据要素在不同场景下的使用，首先要合理界定数据的持有权、加工使用权和数据产品经营权之间的关系。这一思想实际与制度经济学的思想较为一致，即只要能清晰界定数据产权，明确数据要素的权利主体和权利边界，不同权利主体自然会主动通过制定规则，通过让渡使用权和收益权等手段来促进交易行为，并相应分配各自的责权利。其次是充分发挥市场配置资源的主导作用，引入第三方数据要素价值评估机构，确定数据资源初始市场指导价，由供需双方参照协商确立成交价格和更新价格，建立数据服务和数据产品价格形成机制。

（三）按投入和贡献建立多元化利益分配机制

从分配机制来看，数据流通交易和使用的链条较长，涉及主体众多，因此必须照顾各方的利益，要按照数据要素采集、清洗处理、分析建模、加工、存储传输和利用等全链条全过程中的投入多少和贡献大小，根据不同场景中数据要素的使用，探索形成成本分摊、利益分享、数权参股、知识产权共享等多元化的利益分配机制。对于做出数据资源贡献的个人或其他利益相关者，要尽可能建立利益相关者的权益保护和收益补偿机制，以建立形成利益共同体促进数据要素高效汇聚和有序流通。

五　探索数据要素流通全过程安全治理机制

从生产要素的角度，至少是从资本成为关键生产要素开始，当前各国的金融监管和资本流动管理充分表明，生产要素的流通交易都已被纳入监管治理视野。由于数据权利不同于财产权利或一般的物权，数据不能当作一般的生产要素来看待，一方面既面临着统筹发展与安全的治理挑战，另一方面也面临着大国“数据博弈”背景下不同国家和地区数据理念和治理规则冲突的挑战[①]，传统工业社会的治理体系、机制和规则都无法直接套用或适应数据治理面临的多重挑战[②]，数据治理更是已成为理论和实践中都亟须破解的重大课题。场景大数据理论强调要坚守数据安全是“生命线”，树立底线思维，针对政务数据、一般公共数据、企业数据和个人数据的不同，实施数据分类分级管理，从数据要素准入、确权、交易、收益分配、监管等方面建立完善的规则和制度，鼓励和引导市场主体建立数据流通全流程合规体系，加强对数据要素

① 梁宇、郑易平：《全球数据治理的现实困境与中国方案的实践进路》，《昆明理工大学学报》（社会科学版）2023 年第 11 期。

② 尚进：《加快建立多元共治的数据治理体系》，《中国信息界》2023 年第 5 期。

市场非法信息采集、传输和交易等行为的监管和打击，同时利用区块链技术等强化数据流通溯源管理，重点针对公共数据建立治理服务平台，从制度和技术上对数据流通进行全过程治理，提供统筹发展与安全的有益尝试。

（一）技术保障数据流通全过程溯源管理

有研究认为，加强数据治理，需要在数据采集环节，建立初始契约规则；在使用环节，建立最终用途规制原则和数据利他主义机制。[①] 在管理层面，虽然设立了类似数据管理局等专门政府规制机构，但还应当鼓励自治平台和数据生态体系的发展。这些观点都有一定的道理，但在操作层面，如果没有相应的技术保障，任何规则、原则或制度都难以将数据治理落到实处。数字技术应用的一大优点是信息可验证、可核真。

根据场景大数据理论，在数据流通过程中，运用区块链技术等建立数字凭证，将数据要素跨场景流通信息上链，数据要素从“源头”到“终点”的全过程记录可追溯，建立可感知、可信任、可管理、可授权的数据流通溯源体系，保障数据真实可信。在此过程

① 张文魁：《数据治理的底层逻辑与基础构架》，《新视野》2023年第6期。

中，推动培育发展一批数据集成、经纪、评估、审计和公正等第三方数据服务机构，完善数据要素市场服务体系，构建健全完善的数据生态体系。

（二）分级分类构建全过程安全数据治理体系

根据场景大数据理论，首先，在数据流通全过程中，都需要发挥政府有序引导和规范发展的作用，明确监管红线。在数据从采集到加工处理和使用等各生产与流通消费环节中，都需要建立健全清晰完善的政策法规和监管机制，建立有法可依、有章可循、合法、可信、公平的数据要素流通环境。其次，数据治理需要对数据进行分级分类管理，因类施策。对个人数据和企业数据，主要是强调保护个人隐私和权益，保护企业商业秘密，防止未经授权的数据采集、共享、转移分发、存储和使用等行为。由于数据的主体是公共数据，公共数据体现了政府、企业和公民等全体利益相关方的公共利益和共同价值，数据的公权也主要体现在公共数据上，因此数据治理的重点和难点都是公共数据。与一些研究和地方实践采用的开放共享、授权使用和数据信托①等公共数据治理方案不同，场景大数据理论强调多管齐下建立公共数据治理体

① 崔若雨：《数据信托的本土化问题研究：公共数据治理的新思路》，《重庆理工大学学报》（社会科学版）2023 年第 10 期。

系，包括围绕数据要素生产、流通、交易和使用等，由于政府与市场合作建设公共数据治理服务平台，依托平台制定统一数据标准规范，形成统一的区域数据标准和技术体系，形成跨区域、跨部门和跨层级的数据治理能力。再次，在具体操作层面，可由地方政府部门授权国有平台公司建设城市级数据运营平台，一方面汇聚区域政务、金融、教育、医疗、电力和公用事业等重要敏感数据，另一方面为市场法人主体和自然人授权集中提供与特定场景应用需要的数据资源。通过供需双方精准对接，以需求为中心，以场景为承载体，构建合法合规、安全有序的数据供应链体系。最后，充分利用区块链、隐私计算等数字技术，通过建设可信数字身份和数字凭证，构建双向可信授权认证通道和数据安全流通通道，推进数据要素基于场景开发利用，确保数据流通全过程“可用不可见”。

六　场景大数据理论在城市中的应用前景

实现数据合法合规、安全有序流通是统筹发展与安全的典型体现。中国幅员辽阔，各地发展差异较大，在全省甚至全国层面对数据治理实施操作性管理存在较大难度，全部由县级基层落实数据治理也不太现实，因此比较理想且具有可操作性的是在地级城市层面和直辖市层面，统一推进数据治理。从安顺市和铜仁市的实践来看，基于场景大数据理论建设城市数据流通底座，不仅是城市加强数据治理的重要抓手，也是城市推动数据要素转向数据资产、开展数据资产运营的重要路径。安顺市城市管理实践和“安心干”项目的落地表明，至少在城市层面，场景大数据理论具有广阔的应用前景。

首先，加速数字政府转型和推动智慧城市建设。城市加强数据治理和运营数据资产，不是简单地加强数据汇聚和数据利用，而是履行数据安全管理职能和推动数字政府转型的内在需要。反过来，无论是从更好运营城市数据资产的角度，还是从推进城市治理体系和治理能力现代化的角度，都需要加速数字政府转型，实现城市政务管理、公共服务基于数据驱动的“一网通办”和“云上办”。同时，场景大数据理论应用，将先在政务、交通出行、医疗服务、教育服务、公用事业等领域推出一批典型场景应用，加快相应的算力等新型基础设施建设，这也将有利于加速推动智慧城市建设。

其次，助推地方数据招商和数据地产发展。随着中国工业化趋于完成，数字经济加快发展，无论是对产业数字化转型还是培育新业态新模式，数据作为关键生产要素和关键资源的重要性日益显现。

包括贵州在内，近年来一些地区创新性地提出了“大数据+招商引资”的发展思路和实践[①]，取得了一定效果。根据场景大数据理论，城市建设数据流通底座，统一运营数据资产，可以授权和/或特许给创业企业合法合规创新使用，数据将变得和土地、资本一样重要。未来一些城市可以利用统筹管理利用的城市数据资产，吸引创新创业企业入驻建设数据产业园，盘活城市存量商业地产，形成独特的数据地产发展模式。

最后，培育数据竞争力，数据赋能经济高质量发展。传统上欠发达地区招商引资，很大程度上需要依靠低价土地、财政补贴和相关税费减免等措施，这对财力相对较弱的地方经济而言往往变成一种“竞争劣势”，甚至成为“发展困境”。城市基于场景大数据理论指导开展数据资产运营，不仅可以提升重要的招商引资竞争力，还可以助推城市数据开放和场景应用。此外，未来人工智能、算力发展等都需要以数据为关键支撑。数据要素不同于其他生产要素，不仅不会在流通和应用中损耗，甚至还会在新的场景应用中产生新数据。“数据资产招商—数据场景创业—增量数据产生—数据资产增加”的良性循环发展格局将把

① 潘军、罗用能、朱浪频：《“大数据+招商引资”创新精准扶贫研究》，《贵州大学学报》（社会科学版）2019年第2期。

城市数据先发优势变成城市重要的数据竞争力，真正将激活数据要素潜能、发挥数据要素作用落到实处，推动形成以数据流通应用为引领和支撑的数字经济。

第九章　对国家数据要素市场建设的启示与对策建议

场景大数据从最初探索对数据特性与用途的认识，特别是对数据与场景高度关联，以场景驱动数据应用，通过应用充分释放数据资源价值的理解与认识的第一阶段，发展到第二阶段以城市数据运营“1+1+N”模式为突破口，推动公共数据与社会数据在特定场景下有效融合，通过数据运营建立数据供应链和利益联结链，实现数据要素价值释放，激活数据要素流动性，培育数据要素市场，探索建设数据要素驱动的新型智慧城市；进一步发展到第三阶段，从数据要素不可独享、一数多权、与场景高度关联等隐性特征深入思考，围绕“什么是数据要素市场标的物”和“数据要素跨场景流通应用模式如何实现”发展场景大数据，明确需要做好数据治理，及至当前聚焦“如何实现数据要素合法合规、安全有序流通”这一关键问题，提出

“场景构建数据流通底座”。贵州安顺场景大数据这一理论和实践探索过程为中国数据要素市场建设在理论基础、技术支持、规则设计、制度保障等方面带来诸多启示。基于此，结合数字经济时代发展背景和中国具体实践，对数据要素市场建设提出以下对策建议。

一　构建数据流通合法性规则体系，促进数据要素合法合规流通

推进数据要素市场建设，需要突破基础理论瓶颈制约，加快建立数据合法流通交易的基础制度和标准规范的顶层设计，特别是构建明确数据要素流通合法性界定、完善数据产权登记制度、推动数据价格形成机制建设、推进数据资产入表落地市场配套规则体系。

（一）明确数据要素流通合法性界定

政府作为数据要素宏观管理部门，天然肩负界定数据要素流通合法性的义务。建立完善的数据资源分级分类管理制度，明确不同类别数据资源的流通交易原则和流通应用范围，提供数据要素合法性流通的公共基础设施和技术手段，可以使市场主体明确法律规定的权利和义务从而合法经营，促进数据资源有效供给、顺畅流通，释放数据要素的最大价值。国家和地

方相关政府管理部门需要从自身职能定位出发，分别界定各自管理范围内的数据资源流通合法性，建设相关基础设施，为市场主体低成本高效率运作提供基础保障。

（二）完善数据产权登记制度

"数据二十条"创造性地提出了数据的资源持有权、加工使用权和产品经营权"三权分置"框架，为中国数据产权制度体系建设指明了方向，也对数据产权登记制度提出了新要求。要从以下几个方面完善数据产权登记制度，推动数据资产化提质增效。一是推进数据要素登记平台建设。加快建立全国数据要素统一登记平台，推进数据要素登记系统建设，提升数据要素登记服务水平，强化登记平台和交易平台的信息互通。推动出台数据产权和登记体系相关指导意见，从政策层面为搭建全国统一数据要素登记平台提供依据。二是鼓励地方结合场景应用开展登记试点。支持数据要素市场发育程度好的地区优先开展登记工作，选取一定有代表性案例进行研究；鼓励探索数据要素登记新方式，推动建立登记操作规范，加快形成登记工作具体流程。例如，广州数据交易所的数据确权探索具有示范意义。该所坚持"无场景不登记、无登记不交易、无合规不上架"的原则，通过明确数据资源持有权、数据加工使用权、数据产品经营权，保障数据产品和服务合规合法。又如，广东在全国率先探索成立数据合规委员会，建立合规会审机制，确保数据资产合规登记权威性。三是拓宽数据产权登记应用场景。调动全社会力量参与建设。鼓励政府、科研机构、企业等多元主体参与登记平台建设，不断拓宽数据产权登记应用场景，推动登记制度发展与完善，加速数据产权登记价值显现。四是鼓励政府部门和国有企业率先登记。建议根据数据产权立法进度，有序推进不同主体登记，鼓励地方政府和国有企业在登记平台率先登记，发挥示范引领作用。五是进一步细化法律法规体系和标准规范体系。通过基础性规律性研究与地方实践相结合的方式，逐步建立数据要素登记的法律法规体系和标准规范体系，明确法律边界，指导行业合规发展。

（三）推动数据价格形成机制建设

数据定价日益成为数据要素市场化的关键制度瓶颈。应当在多层次多样化数据市场的框架下，加快构建有利于数据要素价格的形成机制，提高数据产品估值水平。一是完善数据资源的场景定价模式。基于原始数据资源定价高度灵活性的特点、存在“千用千价”的客观事实，探索从场景角度入手，推进和完善基于差异化场景的数据资源定价模式。二是探索以成本法为主的数据要素定价模式。建议从数据采集整理、数据标准化、隐私保护、算力投入等各种投入入手，基于数据资源向数据要素转化的可计量成本，评估数据要素市场价格。三是推进以收益法为主的数据产品和服务定价模式。应从预期成交价、数据血缘、模型贡献度等相对标准化的指标入手，立足产品和服务预期收益，进行市场评估定价。四是合理发挥政府对数据价格的指导作用。充分借鉴公共服务领域实行政府指导定价的原则，完善公共数据成本核算机制，推动建立覆盖公共数据和社会数据的国有数据定价体系，并探索出台公共数据政府指导定价管理办法。五是坚持企业与个人数据市场自主定价原则。鼓励各类市场主体与交易平台从供需、成本、收益、价值等因素出发，坚持市场化原则，推进定价机制形成。

（四）推进数据资产入表落地

数据正在加速从资源要素转向经济资产，稳步推进数据资产入表落地，可以激活数据要素市场发展内生动力，也是完善数据要素市场的重要一环。其主要着力点在于：一是夯实数据资源的会计理论研究。持续跟踪国际会计领域的数据资产化前沿研究，加大数据资源相关会计处理研究力度，统筹中国数据要素产业发展现状与趋势，推动会计理论实践与数字经济发展相结合，深化数据资源会计的价值创造理论，不断巩固数据入表的理论基础。二是持续完善数据资产入表路径。推动政产学研发挥合力，出台专项资金支持方案，加快解决数据确权、数据治理、数据流通、收益分配等入表的前置条件，推进数据资源核算体系建设，鼓励企业积极探索数据市场化模式准则，畅通数据入表路径。探索制定数据资产入表操作规程，推进专业服务体系建设。三是推进数据资源价值评估体系完善。加强不同类型数据资源价值评估工作，推进数据资源成本或价值的可靠计量，做好数据资源有关经济利益的论证工作，持续完善企业数据资源价值评估体系，加快畅通数据资源资产化实现路径。四是加强数据入表合规风险管理。坚持有效保护与合法利用并重，有序推进企业将合法拥有或控制的数据资源纳入自身财报，进一步增强企业责任意识与自律意识，完善数据入表全流程风险监管机制，确保数据采集汇聚、加工处理、流通交易、开发利用等不同环节符合法律规定。五是强化数据入表前后衔接工作。继续完善数据资源相关管理政策和法律法规，加快出台数据资源相关标准和规范，加强相关信息披露，确保数据资源的合理利用与权益保障。做好数据入表前后衔接工作，在会计确认计量方面与现行无形资产、存货、收入等相关准则保持一致，避免出现前期已经费用化的数据资源重新资本化。

二 做好数据资源基础性工作，促进数据资源有序开放

建设完善的数据要素市场需要构建多层次多样化多级市场体系，丰富数据交易内容、品种和渠道，促进数据资源、数据要素、数据产品和服务的有效交易。其前提是做好数据资源标准化、数据授权、数据流通等基础性工作，促进数据资源有序开放，畅通流通渠道。

（一）推进数据资源标准化建设

打造数据要素市场，要进一步规范不同领域数据资源描述方法，持续推进数据资源标准化，加快数据资源标准化与规范化建设，推动数字产业链上下游企业数据资源标准化呈现，加强专门的数据要素交易流通场所建设。加快实现企业数据的标准化，制定中国企业元数据、数据目录、数据产品的标准，从根源上规范企业数据之间的兼容性和标准性，破除企业数据在要素市场流转、交易、共享的壁垒。

（二）加大数据资源开放共享

加大数据资源开放共享有序流通，是保障数据要素高质量供给的必然要求。要重点解决数据授权、数据流通等问题，不断完善数据资源持有权和使用权的转让或授权许可机制，促进以数据集、数据接口等形式进行的原始数据资源交易。明确数据交易对象，持续拓展可交易数据范围，有序增加公开交易的数据数量与种类。推动公共数据资源开放，在确保安全的前提下逐步向社会开放。加强社会数据资源的开发利用，推动产业、互联网等领域数据标准化采集，提升社会数据资源开发利用程度。鼓励市场主体挖掘自身的商业数据价值，开展专业化、个性化、定制化的数据服务。调动行业协会、科研院所、企业等多方参与教育、金融、医疗健康、工业互联网、文化旅游、交通出行等重点行业创新数据开发利用，推进数据产品服务供给和需求高效联动。

加大数据资源开放共享要突出合法合规采集数据，支持数据企业通过用户自主授权、市场化授权等方式开展数据收集，持续降低因数据获取产生的交易成本。通过政府数据的分类分级，实现政府数据的有条件开放和无条件开放，鼓励企业、科研院所、第三方机构等社会组织参与政府数据的开发和应用。

（三）加大数据产品和服务政策支持

针对数据开放共享设立相应的竞争制度。结合企业开放数据产生量、数据质量、创新能力、社会责任、违法情况等指标构建数字企业白名单制度，对名单上的企业提供更高的数据安全保护和税收优惠，同时赋予开放数据产生量较多的平台税收优惠政策。要重点加大对数据服务商的政策支持，支持和鼓励对数据资源进行加工处理和算法模型化，丰富数据产品和服务形式，满足不同场景的用户需求。

三　落实“数据要素×”行动，持续探索放大大数据应用场景

当前，数字经济对于中国经济的重要性已达成广泛共识，发挥数据要素支撑作用特别是乘数效应，对于促进中国数字经济健康发展、支撑经济增长、培育国际竞争新优势至关重要。为充分发挥数据作为关键要素对产业发展和经济增长的倍增效应和乘数效应，2024 年 1 月 4 日，由国家数据局、中央网信办、科技部、工业和信息化部等 17 部门联合印发的《“数据要素×”三年行动计划（2024—2026 年）》正式公布。推进数据要素市场建设，要以该行动计划为抓手，推

动地方政府和行业主管部门积极落实计划部署，细化实施细则，推动数据要素多场景多领域融合应用，发挥数据乘数效应。鼓励大数据企业积极利用数据资源开发全生命周期产品，针对农业、工业、服务业三次产业的不同特点和需求，研发兼具个性化和适用性的数据产品和配套增值服务，促进大数据与各行业各领域的深度融合。探索在金融、物流、交通、医疗等不同行业领域建设大数据平台，形成成熟且适合推广的应用案例和场景，时机成熟后可在其他行业和领域进行推广。

支持地方政府重点围绕新型工业、现代农业、商贸流通、普惠金融、卫生健康、智慧城市建设、公共资源交易等领域，归集融合行业主管部门及公共企事业单位公共数据，加强政务数据、行业数据、社会数据汇聚整合、关联分析和融合应用。强化应用场景安全连接建设。充分运用区块链技术，搭建可信的数据流转底层，为数据安全跨网传输提供可靠保障，通过网络安全边界防护技术为数据跨网流通提供安全可靠路径。强化平台支撑建设。整合构建结构合理、智能集约的平台支撑体系，打造行业数据中台，为数据要素参与应用提供平台支撑。支持跨场景数据流通和要素市场培育，依法依规促进数据高效共享和有序开发利用。

支持产学研深入合作，加强数据流通场景开发，推进数据产品和服务体系建设，探索培育一批专门的数据流通解决方案供应商，积极拓展企业内外部数据要素融合应用场景，不断降低数据应用成本和专业壁垒。

加强应用场景创新，拓宽数据要素融入传统产业路径。聚焦数据要素产业链中的流通环节，完善数据要素流通规则体系，加快打通不同链条之间的流通渠道；鼓励数字科技企业积极向传统产业延伸数据价值链，加强应用场景创新，支持通过数据加工、数据清洗、数据融合等技术助力传统产业转型升级。

四 夯实数据流通底座建设，促进数据要素有序高效应用

要适当超前布局新型数字基础设施建设，特别是数据基础设施，以完备的新型数字基础设施创造应用新场景、牵引消费新需求，为数据要素在生产、生活等各个领域更广泛的应用创造客观条件。要夯实数据流通底座建设，补强数据要素流通基础，助力传统产业数字化赋能。

（一）构建完善的数据基础设施

数据基础设施即在网络、算力等设施的支持下，

面向社会提供一体化数据汇聚、处理、流通、应用、运营、安全保障服务的一类新型基础设施。完善的数据基础设施包括：以5G、光纤、卫星互联网等为代表的网络设施为数据提供高速泛在的连接能力，以通用、智能、超级算力为代表的算力设施为数据提供高效敏捷的处理能力，以数据空间、区块链、高速数据网为代表的数据流通设施打通数据共享流通堵点，以隐私计算、联邦学习等为代表的数据安全设施保障数据的安全。

要强调的是，构建完善的数据基础设施，需要强化数据流通技术创新。以满足关系型、实时性、结构化等多类数据计算需求为导向，积极持续推进技术创新和使用，增强多源异构数据处理能力，探索隐私计算在数据传输中的应用，增强数据资源跨机构跨场景流通的安全性。加强区块链技术应用，加快推进可信数据空间建设，完善可信数据流通技术体系与应用体系，推动数据要素实现安全可信的流通。

（二）打造数联网

建设数据要素市场需要放大数据应用场景，打造多渠道流通多场景应用的数联网，形成基础牢固功能强大的数据流通底座。所谓数联网是指同一数据在不同应用中所具有的不同语义和用途，这种数据语用所自发形成数字对象之间的复杂关系网络。数联网突破数据流通的技术架构约束，使得数据流通“畅通无阻”，因而成为数字经济发展的重要基础设施之一。打造数联网可以使互联网的数据使用做到“数据互联、因需调度、域内自主、域间协作”（如图9-1所示）。

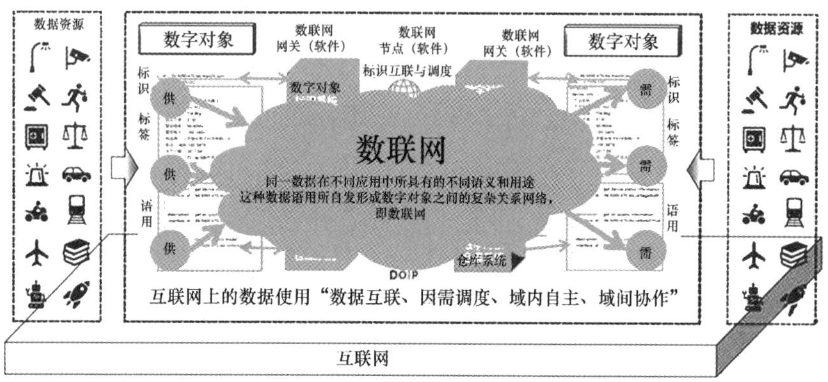

图9-1 数联网图示

资料来源：安顺市大数据发展管理局。

打造数联网，需要按照“制度规范+运行机制+底层技术+试点应用”的方式，对数据场景解耦、数据授权机制、政府监管等支撑实现数据要素有序流通的关键环节进行全面布局，构建数据确权登记平台和数字身份认证中台、区块链存证平台、数字主体加密空间、公共数据综合服务平台、授权平台等底层技术平台。通过数据确权登记平台实现企业数据登记，通过授权平台实现政府和数据主体双授权，通过数据凭证实现数据流通的全过程记录，推动数据合法合规、安全有序流通。授权技术是支撑实现数据流通的关键技术。底层技术平台作为授权技术实现的重要支撑，是构建数据流通底座的关键保障，主要由区块链、大数据、云计算等新一代信息技术共同组建而成，为数据申请、授权、使用等环节提供身份认证、授权管理、数据主体自主管理、政府监管等功能。

五　优化数据治理模式，保障数据要素流通应用各环节安全

数据要素市场化建设离不开数据安全保障，需要建立良善治理模式，建立并完善数据要素安全管理体制机制。划定法律监管红线，明确合规监管底线，保障在数据产权、流通交易、收益分配、安全治理等各环节的安全，制定并落实对大数据企业等相关市场主体的支持性政策，优化市场发展环境生态。

（一）加强数据资源国家统一监管

发挥国家大数据局监管职能，加强对数据资源市场的国家统一监管，确保涉及个人隐私、商业秘密和国家安全等相关数据得到保障；以制度创新为引领，加快推动数据要素市场化运营；鼓励各类市场主体进

入数据产品和服务市场，不断扩大市场规模。

（二）强化大数据平台系统安全保障

统筹安全和发展的关系，加强重要大数据系统和平台的安全防护，推进安全可控和自主可控的数据产品研发与应用，开展大数据相关的技术、产品和平台的可靠性及安全性评估。

（三）提升支撑数据流通和交易的技术能力

鼓励前沿技术攻关，有效支撑数据流通和交易。隐私计算能够在保证数据提供方不泄露原始数据的前提下对数据进行分析计算，可以提供“原始数据不出域，数据可用不可见”的流通范式，从而解决数据权益保障与安全保护的若干问题。针对隐私计算等核心技术，要持续攻关，尽快突破性能、安全和互联互通等方面的瓶颈。同时加紧研制技术标准，强化市场认知，鼓励技术开源，推动隐私计算、区块链、云计算、人工智能等新兴技术的深度融合与协同，探索有效解决数据安全保护问题的技术支撑体系。

（四）健全落地性强的安全管理制度和规范

随着各项法律法规相继出台，数据安全已经被逐步纳入国家法规和行业规范中。数据安全已经成为新一代信息安全标准的基本内容，围绕颁布的法律法规，完善和健全各行业可落地的数据安全管理制度和规范，对各类组织承担的数据安全保障义务与责任进行明确要求。提高数据泄露风险防范安全意识。企业应加强对内部员工及运维人员的安全意识培训及风险管理，政府应普及数据安全保护相关培训，个人在日常生活、工作中注意隐私防护等。

（五）制定落实对大数据企业支持性政策

鼓励金融机构创新多种方式支持大数据产业发展，开展信易贷（即全国中小企业融资综合信用服务平台提供的贷款服务）、知识产权质押、产业链融资、信用保险保单融资增信等业务。鼓励政策性担保机构加大对大数据产业知识产权质押贷款的担保支持力度，对为大数据企业提供信用担保的机构给予补贴。

加强扶持政策的落地性，面向大数据发展重点领域、典型场景推出一批特色化、精准化、个性化的扶持政策。用好各类大数据专项资金和基金，创新资金投入方式，加大大数据重点企业项目、大数据与实体经济融合共性技术研发及产业化等支持。

参考文献

安顺市大数据发展管理局、贵州省邮电规划设计院有限公司:《城市数据运营:开启数据要素价值释放的钥匙》,社会科学文献出版社 2021 年版。

安顺市人民政府、铜仁市人民政府:《场景大数据白皮书 4.0》,2023 年 5 月。

蔡跃洲、马文君:《数据要素对高质量发展影响与数据流动制约》,《数量经济技术经济研究》2021 年第 3 期。

陈永伟:《作为 GPT 的 GPT:通用目的技术视角下新一代人工智能的机遇与挑战》,《财经问题研究》2023 年第 6 期。

崔若雨:《数据信托的本土化问题研究:公共数据治理的新思路》,《重庆理工大学学报》(社会科学版)2023 年第 10 期。

李海舰、李燕:《企业组织形态演进研究——从工业经济时代到智能经济时代》，《经济管理》2019 年第 10 期。

李海舰、李真真：《中国经济高质量发展的路径研究——基于“新技术群”的加持》，《中国经济学》2023 年第 1 辑。

李海舰、赵丽：《数据成为生产要素：特征、机制与价值形态演进》，《上海经济研究》2021 年第 8 期。

李雯轩：《新工业革命与比较优势重塑》，《经济学家》2019 年第 5 期。

李震国、端利涛、吕本富：《智能化系统建设中的实用伦理规则设计原则》，《中国行政管理》2022 年第 6 期。

梁宇、郑易平：《全球数据治理的现实困境与中国方案的实践进路》，《昆明理工大学学报》（社会科学版）2023 年第 11 期。

龙荣远、杨官华：《数权、数权制度与数权法研究》，《科技与法律》2018 年第 5 期。

卢延纯、赵公正、孙静、王晓飞：《公共数据价格形成的理论和方法探索》，《价格理论与实践》2023 年第 9 期。

门理想、张瑶瑶、张会平、赵溱：《公共数据授权运营的收益分配体系研究》，《电子政务》2023 年第 11 期。

潘军、罗用能、朱浪频：《“大数据＋招商引资”创新精准扶贫研究》，《贵州大学学报》（社会科学版）2019 年第 2 期。

权忠光、梁雪、邵俊波、崔婧：《生命周期视角的数据资产评估方法及其适用性研究》，《中国资产评估》2022 年第 9 期。

尚进：《加快建立多元共治的数据治理体系》，《中国信息界》2023 年第 5 期。

石峰、李彦泽、邵雷：《社交媒体舆论操纵者识别的数据挖掘算法及实证分析——以国际大型赛事为例》，《情报杂志》2023 年第 6 期。

苏青：《网络爬虫的演变及其合法性限定》，《比较法研究》2021 年第 3 期。

王佳宜、王子岩：《个人数据跨境流动规则的欧美博弈及中国因应——基于双重外部性视角》，《电子政务》2022 年第 5 期。

王伟玲：《政府数据授权运营：实践动态、价值网络与推进路径》，《电子政务》2022 年第 10 期。

熊巧琴、汤珂：《数据要素的界权、交易和定价研究进展》，《经济学动态》2021 年第 2 期。

徐翔、厉克奥博、田晓轩：《数据生产要素研究进展》，《经济学动态》2021 年第 4 期。

杨琴：《数字经济时代数据流通利用的数权激励》，

《政治与法律》2021 年第 12 期。
张文魁：《数据治理的底层逻辑与基础构架》，《新视野》2023 年第 6 期。
张奕欣、王一楠、陈继鑫、吕欣润：《从数据跨境流动的域外规制看中国对策》，《重庆邮电大学学报》（社会科学版）2022 年第 2 期。
《习近平春节前夕赴贵州看望慰问各族干部群众 向全国各族人民致以美好的新春祝福 祝各族人民幸福吉祥祝伟大祖国繁荣富强》，《人民日报》2021 年 2 月 6 日第 1 版。
刘烈宏：《激发数据要素潜能 让公共数据“供得出”“流得动”“用得好”》，《证券日报》2023 年 12 月 11 日第 A02 版。
邢丽：《健全数据要素收益分配制度》，《经济日报》2023 年 5 月 13 日第 5 版。
张蕴萍、翟妙如：《重视数据要素价值释放中的反垄断治理问题》，《光明日报》2023 年 2 月 24 日第 6 版。
德勤：《数据、数据资产及其价值评估》，https://www2.deloitte.com/cn/zh/pages/finance/articles/data-asset-and-its-evaluation.html。
《国家数据局局长刘烈宏一文讲透“数据要素×”》，https://www.thepaper.cn/newsDetail_forward_25994512。

前瞻产业研究院：《中国行业大数据市场发展前景预测与投资战略规划分析报告》，https://www.esensoft.com/industry-news/dx-20794.html。

新华网：《习近平主持召开中央全面深化改革委员会第二十六次会议》，http://www.xinhuanet.com/politics/leaders/2022-06/22/c_1128766853.htm。

Duch-Brown N., Martens B., Mueller-Langer F., "The Economics of Ownership, Access and Trade in Digital Data", https://papers.ssrn.com/abstract=2914144.

Acemoglu D., Makhdoumi A., Malekian A., et al., "Too much Data: Prices and Inefficiencies in Data Markets", *American Economic Journal: Microeconomics*, Vol. 14, No. 4, 2022.

后　记

世人皆知的物理学家牛顿曾说过，“我之所以比别人看得更远，那是因为我站在巨人的肩上”。牛顿的伟大自然无可否认，但牛顿的谦虚也说明，科学探索是一场没有终点的接力赛，后人总是在前人基础上，学习前人的知识和智慧，吸取前人的经验和教训，不断推进科学研究，从而不断催生出新技术新科技，涌现出新知识新理论。

自然科学是如此，社会科学也概不例外。呈现在读者面前的这本《场景大数据理论：贵州创造与安顺实践》虽然是中国社会科学院数量经济与技术经济研究所和贵州社会科学院合作调研和合作研究的集体成果，但也吸取了前人的诸多研究和思想。例如，2010年 Gartner 提出的大数据定义就体现了场景的思想。国内相关学者在研究社会大数据、舆情大数据和环境大数据等时，均不约而同地与场景建立了连接。本报告研究讨论的场景大数据理论主要发端于以 2019 年时任铜仁市市长陈少荣，副市长曹晓钟、刘岚等为代表的场景大数据理论研究初创团队，此后周文捷、戴顺勇、赵杭、李思等一批专业人士加入，以《场景大数据白皮书》系列报告的形式分析研究了数据与场景高度关联的数据特征、数据要素价值释放的路径和城市数据运营“1 +1 + N”模式等问题。2021 年，时任贵州科学院院长景亚萍提出“一场景一授权”的创新方式，进一步从路径层面丰富了场景大数据理论，并成为指导贵州推动数据流通交易工作的一项主要原则。场景大数据理论开始逐步成为通过场景视角研究数据要素问题的重要方法工具。

在提出和完善场景大数据理论的同时，贵州省铜仁市和安顺市先后分别开展了具体实践工作。2023 年贵州数博会期间，中共安顺市市委书记杨昌鹏提出强化公共数据牵引、探索“城市数据地产一级开发”的创新构想。以此为指导，安顺市市长尹恒斌、副市长杨平等组织贵州场景大数据理论研究团队进行实践和探索，又提出“特定场景下的数据要素使用权”“授权使用机制”和“场景构建数据流通底座”等观点，进一步丰富了场景大数据理论，也很好地指导了贵州省尤其是安顺市“安心干”平台和绿色算力发展等实践工作。

作为本报告的撰写团队，我们非常感谢贵州场景大数据理论研究团队在前期开展的理论和实践探索，为本智库报告提供了鲜活的案例和扎实的理论基础，后期我们也将紧密跟踪该团队的持续研究，以期为国家数字经济发展做出重要贡献。

2023 年 12 月

李海舰，经济学博士，中国社会科学院数量经济与技术经济研究所党委书记、副所长，研究员。主要研究方向为公司哲学与思维创新、公司战略与组织创新、数字经济与技术创新。主持中国社会科学院重大项目、国家社科基金重大项目等课题多项，在《中国社会科学》《管理世界》《中国工业经济》等期刊上发表论文多篇，出版专著（含合作）多部，研究成果（含合作）获孙冶方经济科学奖、蒋一苇企业改革与发展学术基金奖等多项奖励。

彭绪庶，管理学博士，中国社会科学院数量经济与技术经济研究所信息化与网络经济研究室主任，研究员。主要研究方向为智能经济、产业技术创新与创新政策、绿色发展与生态文明、金融科技与金融信息服务等。主持或负责“十一五”国家科技支撑计划项目、国家社科基金项目等课题多项。在《数量经济与技术经济研究》《经济日报》等期刊和报纸上发表文章30余篇，出版（主编）专著5部。

罗以洪，管理学博士，贵州省社会科学院区域经济研究所副所长，研究员。主要研究方向为区域经济、工业经济、数字经济、大数据、创新管理等。主持国家社科基金项目1项，以独立或第一作者出版专著3部，在《管理科学学报》《光明日报》等期刊和报纸上发表文章50多篇。

李雯轩，经济学博士，中国社会科学院数量经济与技术经济研究所信息化与网络经济研究室副主任，副研究员。主要从事数字经济、产业经济、产业政策等方面的研究。在《经济学动态》《经济学家》《经济日报》等期刊和报纸上发表文章十余篇，合著多部产业领域相关著作。